ELISABETH ENGLER

MARMELADEN, GELEES UND CHUTNEYS AUS DEM THERMOMIX®

Tragen Sie sich jetzt unter **www.thermomix-fans.de** für unseren Newsletter ein und erhalten Sie zu neuen Veröffentlichungen Leseproben und kostenlose Rezepte!

ELISABETH ENGLER

MARMELADEN, GELEES UND CHUTNEYS AUS DEM THERMOMIX®

DIE 55 BESTEN REZEPTE

TM5 & TM31

riva

Bibliografische Information der Deutschen Nationalbibliothek
Die Deutsche Nationalbibliothek verzeichnet diese Publikation in der Deutschen Nationalbibliografie. Detaillierte bibliografische Daten sind im Internet über http://dnb.de abrufbar.

Für Fragen und Anregungen
info@rivaverlag.de

Wichtige Hinweise
Sämtliche Inhalte dieses Buches wurden – auf Basis von Quellen, die die Autorin und der Verlag für vertrauenswürdig erachten – nach bestem Wissen und Gewissen recherchiert und sorgfältig geprüft. Alle Rezepte in diesem Buch wurden für den Thermomix® TM5 entwickelt und mit diesem getestet. Bitte beachten Sie: Der Mixtopf des Thermomix® TM5 ist größer als der des TM31 (Kapazität von 2,2 Litern anstatt 2,0 Liter beim TM31). Daher dürfen aus Sicherheitsgründen die Rezepte aus diesem Buch nur dann mit dem TM31 nachgekocht werden, wenn die Mengen angepasst wurden. Achten Sie auf die Füllstandsmarkierungen und überschreiten Sie die maximale Füllmenge nicht. Der Verlag und die Autorin haften für keine nachteiligen Auswirkungen, die in einem direkten oder indirekten Zusammenhang mit den Informationen stehen, die in diesem Buch enthalten sind. Thermomix® ist ein eingetragenes Warenzeichen der Vorwerk & Co. KG. Diese Publikation ist kein offizielles Lizenzprodukt der Vorwerk & Co. KG.

Ausschließlich zum Zweck der besseren Lesbarkeit wurde auf eine genderspezifische Schreibweise sowie eine Mehrfachbezeichnung verzichtet. Alle personenbezogenen Bezeichnungen sind somit geschlechtsneutral zu verstehen.

Originalausgabe
2. Auflage 2022

Türkenstraße 89
80799 München
Tel.: 089 651285-0
Fax: 089 652096

Redaktion: Caroline Kazianka
Umschlaggestaltung: Laura Osswald
Umschlagabbildungen: Sea Wave/Shutterstock.com (Konfitüre aus Wildbirnen); Christian Jung/Shutterstock.com (Heidelbeerkonfitüre); kobeza/Shutterstock.com (Rosengelee); Lesyy/iStockphoto.com (Kumquatmarmelade); ksena2you/Shutterstock.com (Apfel-Minz-Chutney)
Satz: inpunkt[w]o, Haiger (www.inpunktwo.de)
Druck: Florjancic Tisk d.o.o., Slowenien
Printed in the EU

ISBN Print 978-3-7423-0154-3
ISBN E-Book (PDF) 978-3-95971-598-0
ISBN E-Book (EPUB, Mobi) 978-3-95971-597-3

INHALT

Vorwort

Gerne erinnere ich mich an die Zeit in meiner Kindheit, als wir meist in den Ferien von unserer Mutter einen Korb in die Hand gedrückt bekamen und nicht immer sehr willig zum »Obstbrocken« (Pflücken) geschickt wurden. Doch die gute Laune kam, trotz der üblichen Mückenplage, beim Pflücken selbst. Denn nicht alle reifen Früchtchen landeten im Korb, vieles wurde gleich vom Baum oder Strauch genascht – wie es ja auch am besten schmeckt.

Die gesammelte Menge reichte immer noch aus, um damit den Jahresvorrat an Johannisbeergelee rot oder schwarz, Kirschkonfitüre (damals hieß alles noch Marmelade!), eingemachten Äpfeln und Birnen, Stachelbeerkonfitüre und vielem mehr zu kochen. Das war eine schweißtreibende Zeit: Gerade wenn es draußen heiß war, wurde gepflückt, eingekocht, und Mutter stand viele Stunden dafür in der Küche.

Heute wird meist weniger geerntet, dafür gibt es aber viele neue Fruchtsorten zu erschwinglichen Preisen zu kaufen, was die Marmeladen- bzw. Konfitürenauswahl erheblich erweitert. Kombiniert man zudem mehrere Fruchtsorten, so ergeben sich weitere interessante Geschmacksvariationen, die uns ganzjährig erfreuen können.

Im Thermomix® funktioniert das Kochen von Marmeladen usw. hervorragend, es geht schnell, man benötigt wenig zusätzliches Geschirr, kann gleichzeitig das Gargut so fein mixen, wie man möchte, und die fertige Mischung dann direkt in die Gläser füllen – ohne lästiges Herumkleckern mit dem Schöpflöffel. Ich finde es auch angenehm, dass die Menge begrenzt ist: Bis zu sieben Gläser mit einem Inhalt von jeweils etwa 200 ml ergibt eine Füllung des TM5. Ist alles aufgebraucht, kocht man eben einfach nach – in rund 20 bis 30 Minuten sind die meisten Sorten fertig.

Mit meinen Rezepten möchte ich Sie zum Nachkochen und Experimentieren animieren, damit das Angebot auf dem Frühstückstisch immer wunderbar vielseitig ist. Denn viele der Rezepte kann man das ganze Jahr über kochen: So macht Frühstück richtig Spaß!

Viel Freude nun beim Kochen und Probieren der neuen Leckereien!

Elisabeth Engler

Grundlegendes zum Kochen von Konfitüren und Gelees

Säure

Je nach Frische, Sorte und Reifegrad variiert der Zucker- bzw. Säuregehalt von Früchten, die Konfitüre wird dann süßer oder saurer. Entsprechend dem Geschmack empfiehlt es sich, etwas nachzuzuckern oder mit Zitronensaft oder Zitronensäure nachzusäuern.

Auch der Wassergehalt ist unterschiedlich, insofern kann die erhaltene Menge der Konfitüre verschieden ausfallen.

In diesen Rezepten wird ausschließlich Zitronen- oder Limettensaft verwendet. Wer lieber mit Zitronensäure arbeitet: 3 EL Zitronensaft entsprechen etwa ½ TL Zitronensäure (auflösen in 3 EL Wasser). Die Säure unterstützt die Aromen, gibt einen Gegenspieler zum allzu Süßen und sorgt für eine schönere Farbe.

Grundsätzlich ist das Süß- und Säureempfinden unterschiedlich, so wie auch der in den verarbeiteten Früchten enthaltene Fruchtzuckergehalt nicht immer gleich ist. Probieren Sie bei der Gelierprobe die abgekühlte Fruchtmasse (pusten!) und geben Sie dann eventuell etwas Säure in Form von Zitronen- oder Limettensaft nach.

Die Aromen wachsen erst nach dem Kochen richtig zusammen, nach zwei bis drei Tagen schmeckt die Konfitüre noch besser als gleich nach dem Kochen!

Schaum

Je nach Fruchtsorte und Inhaltsstoffen kann sich beim Kochen Schaum bilden. Dieser besteht aus Eiweißen der Früchte und ist nicht erwünscht, denn er kann die Haltbarkeit verringern und sieht außerdem unschön aus. Die letzten 3 Minuten im Linkslauf kochen zu lassen verringert die Schaumbildung, die Reste sollte man vor dem Einfüllen abschöpfen. Das geht gut, wenn man den Mixtopf nach dem Kochen ganz kurz geöffnet stehen lässt und mit einem Esslöffel den Schaum heraushebt. Aber nicht einfach wegwerfen, frischer Konfitürenschaum ist ganz besonders lecker!

Größere Mengen

Die Frucht-Zucker-Mischung kann überkochen! Besonders im TM31 sollten Sie nicht mehr kochen als in den Rezepten angegeben. Stellen Sie beim Kochvorgang sicherheitshalber immer den Garkorb als Spritzschutz auf den Mixtopf.

Alkohol

Bei vielen Rezepten wird die Zugabe von etwa 50 bis 100 ml passendem Alkohol (Likör oder Brand) empfohlen. Dieser dient der Verstärkung und Erweiterung der Aromen. Er wird entweder dem sehr heißen Fruchtmus vor dem Abfüllen zugegeben oder erst zum Schluss kurz mitgekocht (nicht bei Gelee, denn Alkohol reagiert mit Pektin und kann die Gelierfähigkeit verschlechtern). Der Alkohol selbst verkocht zum Großteil, wenn man ihn gleich zu Beginn der Kochzeit zugibt, es bleibt dann in erster Linie das Aroma zurück. Dadurch wird die Konfitüre (bzw. das Gelee oder die Marmelade) auch geeignet für Kinder. In fast jeder Portion Hustensaft ist mehr Alkohol enthalten als in einem ganzen Glas Konfitüre mit Schuss.

Aufgrund natürlicher Gärung ist übrigens auch in Kefir, Brot sowie in Fruchtsäften ein Restalkohol enthalten, außerdem verdampft Alkohol schneller als Wasser.

Aber wer ganz sichergehen möchte, alkoholkrank oder -empfindlich ist, lässt ihn einfach weg.

Gelierprobe

Eine Gelierprobe vorzunehmen ist sinnvoll, um zu testen, ob die Konfitüre fertig ist. Man nimmt nach Beendigung des Kochvorganges eine kleine Menge (1–2 EL) voll und gibt diese auf einen kühlen kleinen Teller. Fängt die Masse an zu gelieren (sie wird fest, beim Zusammenschieben bilden sich Falten), ist die Konfitüre fertig und kann abgefüllt werden.

Bei Gelee ist es schwieriger, den Gelierpunkt zu bestimmen, manchmal scheint der Sud gar nicht zu gelieren, erst im Laufe der Tage wird er fester – vielleicht auch nur im Kühlschrank (zum Beispiel beim Espressogelee oder Weißbiergelee). Dafür verwendet man Gelierzucker 3:1 mit einer höheren Gelierkraft.

Jede Konfitüre, besonders aber Gelee kann noch einige Tage lang anziehen, bis die Masse fest wird, gedulden Sie sich also etwas. Gelingt dies wirklich nicht, kann man das Gelee entweder vor dem Essen ins Kühlfach stellen, dann wird es auch fester, oder man kocht es nochmals ca. 10 Min./100 °C/Stufe 1 mit aufgesetztem Garkorb und füllt es erneut in saubere Gläser ab.

Gläser

Geeignet sind alle gut schließenden Schraubgläser mit unbeschädigten (rostfreien) Deckeln. Empfehlenswert sind solche mit nicht mehr als 300 ml Inhalt. Denn sind sie einmal geöffnet, sollte man die Konfitüre auch zügig aufbrauchen.

Sehr wichtig ist, dass die Gläser sowohl geruchsneutral sind als auch sauber! Besonders Gläser von Senf oder Sauerkonserven nehmen gern den Geruch ihres Inhalts an. Diesen entfernt man am besten durch das Ausspülen mit einer lauwarmen Essig-Wasser- oder Natron-Wasser-Mischung. Danach unbedingt mit klarem Wasser gut ausspülen!

Eigentlich genügt das Waschen der Gläser in der heißen Spülmaschine (70 °C). Wer jedoch ganz sichergehen will, keinerlei Keime mehr im Glas zu haben, der sterilisiert es vor dem Gebrauch: 10 Minuten in den vorgeheizten Backofen (120 °C) stellen, darin auskühlen lassen und dann gleich verwenden.

Ansonsten genügt es, die Konfitüre kochend heiß einzufüllen. Man kann die Gläser dann für einige Minuten auf den Kopf stellen (vorher gut zuschrauben!), das wurde bisher meistens so gemacht und dient der zusätzlichen Abtötung eventueller Keime im Deckel. In letzter Zeit heißt es jedoch, die Deckel könnten unerwünschte Stoffe aus der Beschichtung dann an die Konfitüre abgeben. Insofern entscheidet jeder bitte selbst, wie er dies handhaben möchte.

Beim Einfüllen Zug und Temperaturunterschiede meiden! Daher Türen und Fenster schließen und dann erst die Masse eingießen und das Glas verschließen. Wer mag, legt noch ein Küchenhandtuch über die Gläser.

Nach dem Abkühlen Gläser unbedingt beschriften, am besten die Jahreszahl dazu notieren – gerade wenn mal ein Glas im Vorratsschrank vergessen wird, ist dies nützlich!

Geliermittel

Wie bringt man nun aber die Fruchtmasse zum Eindicken und bekommt somit Konfitüre & Co.?

Entweder man fügt normalen Haushaltszucker im Verhältnis 1:1 zur Fruchtmasse zu und kocht die Masse dann so lange ein, bis sie sämig und dick wird (Wasserentzug). Darunter leiden jedoch die Inhaltsstoffe und der Zuckergesamtanteil steigt auf über 60 Prozent (Fruchtzucker sind ja auch enthalten). Die Konfitüren werden dadurch sehr süß. Besonders in Frankreich ist diese Methode noch sehr geläufig.

Ich habe mich für die meisten Rezepte für die 2:1-Variante des Gelierzuckers entschieden. In der Regel werden hier für 1 kg Frucht (oder 900 ml Saft) 500 g Gelierzucker verwendet. Für Gelee nehme ich oft sogar 3:1 Gelierzucker, damit es auch sicher eindickt.

Bei sehr sauren Früchten (meist Zitrusfrüchten) empfiehlt sich auf jeden Fall die Gelierzuckervariante 1:1 (1 kg Frucht auf 1 kg Zucker).

Neben dem Gelierzucker gibt es auch Gelierpulver, die man selbst mit Zucker mischt. Das hat den Vorteil, dass man auch einmal Rohrohrzucker verwenden kann, der etwas kräftiger im Geschmack ist, oder auch die Zuckeraustauschstoffe Xylit oder Erythrit (mit Geliermittel mischen und wie Zucker verwenden). Auch die meisten Gelierpulver enthalten das Konservierungsmittel Sorbit.

Als pflanzliche Alternativen bieten sich Agar-Agar aus Algen (geschmacksneutral, nach Packungsanleitung mit Süßungsmittel mischen und verarbeiten) oder Pektin aus Äpfeln oder Zitrusfrüchten an. Die Gelierkraft von Apfelpektin ist oft von Calciumcitrat abhängig, das dann ebenfalls zugemischt werden muss (5 Teile Pektin, 1 Teil Calciumcitrat). Der Vorteil dieser pflanzlichen Geliermittel besteht darin, dass man sie auch mit Süßungsmitteln wie Xylit oder Stevia-Zucker mischen und somit ebenfalls zuckerreduzierte Konfitüren herstellen kann.

Der Einfachheit halber werden in den hier aufgeführten Rezepten jedoch ausschließlich handelsübliche Gelierzuckersorten verwendet, mit denen ich hinsichtlich Geschmack, Gelierkraft und Verfügbarkeit im Handel gute Erfahrungen gemacht habe.

Wird nur ein Teil vom Gelierzuckerpäckchen verwendet, bitte erst in eine Schüssel geben, gut durchrühren (denn Geliermittel, Zitronensäure und Sorbit entmischen sich schnell wieder), dann die benötigte Menge abwiegen und den Rest in einen verschließbaren Behälter füllen. Vor der nächsten Entnahme wiederum gut vermengen.

So geht's

- Rezept durchlesen und Zutaten bereitstellen.

- Früchte nach Rezept vorbereiten. (Manchmal werden sie mit Zucker vermischt und müssen mehrere Stunden lang Saft ziehen.)

- Einmachgläser und Deckel spülen, bei Bedarf im Backofen sterilisieren.

- Nach Anleitung kochen.

- Mit einem sauberen Löffel abschmecken – wenn mehrmals probiert wird, Löffel dazwischen abspülen, damit nichts in die Konfitüre gerät (kann sonst Keime übertragen bzw. den Geliervorgang stören). Eventuell nachsäuern oder würzen.

- Gelierprobe nehmen (siehe Seite 10).

- Schaum, falls vorhanden, mit dem Spatel entfernen (siehe Seite 9).

- Masse mit einem Marmeladentrichter in die Gläser füllen. Wenn gekleckert wurde, mit einem sehr sauberen Tuch oder Küchenpapier abwischen.

- Deckel zudrehen (eventuell mithilfe eines angefeuchteten Küchenhandtuchs), Gläser abkühlen lassen. Wenn Kräuter oder Fruchtstücke in der Konfitüre sind, Gläser dabei öfters schütteln, sodass sich alles gleichmäßig verteilt. Ist die Konfitüre einmal erstarrt, geht nichts mehr ...

- Gläser am besten stehen lassen, bis die Konfitüre oder das Gelee fest ist.

- Mixtopf sofort ausspülen!
- Gläser mit Inhalt und Datum beschriften.
- Marmelade & Co. kühl und dunkel lagern. Bereits geöffnete Gläser im Kühlschrank aufbewahren und bald verbrauchen.
- Die meisten Konfitüren halten gut bis zur nächsten Ernte (bzw. 1 Jahr). Nur wenn Nüsse oder Eier verwendet wurden (Curd), ist die Haltbarkeit kürzer (siehe Rezept). Auch Chutneys halten sich, wenn sie wenig Zucker oder Essig enthalten, nicht so lange (2 bis 6 Monate).

Konfitüre aus stark schaumbildenden Früchten (z. B. Erdbeeren, Kirschen) 3 Minuten vor Kochende im Linkslauf rühren, das reduziert oder verhindert sogar die Schaumbildung. Auch das Ansetzen der Früchte mit Zucker über mehrere Stunden verringert die Menge des Schaums.

Anmerkung:
Die hier aufgeführten Rezepte werden meist sehr heiß gekocht (105 °C, 120 °C oder Varomastufe).

Dies ist beabsichtigt, da so die Kochdauer relativ kurz ist. Wer das zugunsten einer etwas schonenderen Zubereitung nicht will, kocht seine Konfitüren bei 100 °C, muss sie aber dann länger einkochen. Je nach Fruchtsorte kann dies bis zu 5 Minuten sein. Bis zu etwa 50 Prozent der Vitamine werden durch das Kochen dennoch zerstört. Achten Sie darauf, dass alles 4 bis 5 Minuten lang wallend gekocht wird (Herstellerangabe des Geliermittels beachten), und machen Sie dann die Gelierprobe.

Für die Gelees empfehle ich zugunsten der Festigkeit dennoch die hier in den Rezepten genannte Hochtemperaturmethode.

Basics

Auch Sie werden diese schnell zubereiteten Mischungen lieben, sie verfeinern beinahe jedes Gericht. Und sie lassen sich prima vorher herstellen und stehen dann beim Kochen gleich bereit.

Ingwerzuckerpaste

100 g Ingwer
250 g Zucker

Ingwer schälen und in Stücke schneiden. Zusammen mit der Hälfte des Zuckers im Mixtopf **10 Sek./Stufe 10/mit MB Messbecher)** mahlen. Mit dem Spatel nach unten schieben, restlichen Zucker zugeben, nochmals **10 Sek./ Stufe 7/mit MB** rühren. Mit dem Spatel kurz umrühren und Masse in ein Glas abfüllen.

Idealerweise innerhalb von 1–2 Monaten aufbrauchen, kühl lagern.

Zitronenschalenzucker

2 Biozitronen (mit essbarer Schale)
4 EL Zucker

Den Zucker in eine Schüssel geben. Die Zitronen gründlich abwaschen und abtrocknen. Mit einer Reibe die gelbe Schale direkt über den Zucker reiben, die weiße Unterhaut dabei nicht verwenden, sie ist bitter! Nun alles gründlich durchmischen. Den Zitronenzucker in ein Schraubglas füllen und am besten innerhalb von 14 Tagen verwenden, dann schmeckt er am intensivsten! Reste können aber auch eingefroren werden.

Limetten-, Orangen- oder auch Grapefruitzucker wird genauso zubereitet. Wichtig ist, nur Bioware mit essbarer Schale zu verwenden. Für 1 Orange bzw. Grapefruit 4 EL Zucker nehmen.

Wer den Zucker länger aufheben möchte oder gerade eine größere Menge an Biozitrusfruchtschalen zur Verfügung hat, kann diese auch vorher im Backofen (50 °C Umluft, mehrere Stunden) oder an der Luft (abgedeckt, im Schatten) trocknen und dann mit dem Zucker im Mixtopf 15 Sek./Stufe 10/mit MB mahlen. Trocken gelagert hält sich der Zucker fast unbegrenzt.

Vanille- oder Gewürzrum

Für 500 ml Rum werden 1 Zimtstange, ½ Vanilleschote, 1 Kardamomkapsel, 5 Nelken, 3 Pimentfrüchte verwendet. Gewürze etwas zerstoßen und in den Rum geben. Eventuell noch 1 TL getrocknete Orangenschale oder 2 EL beliebige andere Gewürze zugeben, wie Sternanis, Anis, Koriander, Ingwer oder Zimtblüten. Nach 2 Wochen kann man den Rum verwenden, aber lassen Sie die Gewürze ruhig länger drin und füllen Sie den entnommenen Rum einfach immer nach.

Für Vanillerum ritzt man 2 Vanilleschoten der Länge nach auf, kratzt das Mark heraus, schneidet die Schoten in 2 cm lange Stücke und gibt alles in den Rum. Ansonsten wie beim Gewürzrum verfahren.

Diese beiden Rumsorten verleihen Konfitüren und Gelees einen noch würzigeren Geschmack. Sie eignen sich aber auch prima für die Zubereitung weihnachtlicher heißer Getränke wie Grog oder Glühwein sowie für Desserts und Kuchen.

Tipps für den Umgang mit dem Thermomix®

1. Mixtopf und Deckel nach dem Einkochen sofort auswaschen! Die Frucht-Zucker-Masse klebt sonst sehr lästig, wenn man sie eintrocknen lässt.
2. Beim Pulverisieren von Zucker oder Gewürzen verteilt sich das feine Pulver in der Regel überall im Mixtopf. Mit einem Spatel lässt es sich schlecht nach unten schieben, vor allem bei kleineren Mengen. Da hilft ein Küchenpinsel. Unter den Messbecher noch ein Küchenpapiertuch stecken, dann kommt der feine Zuckerstaub nicht durch. Vor dem Öffnen des Mixtopfes etwas warten, bis sich der Staub gesetzt hat.
3. Die eingebaute Waage wiegt nicht immer ganz exakt, für das Abwiegen von sehr kleinen Mengen, zum Beispiel bei Gewürzen, empfiehlt sich eine externe Digitalwaage (mit 1-g-Schritten).
4. Der Mixtopf wird gerade beim Einkochen von Zuckerhaltigem wie Marmelade und Sirup extrem heiß! Deshalb bitte den Deckel sehr vorsichtig öffnen bzw. Varoma-Aufsatz behutsam herunterheben (beim Entsaften). Der heiße Dampf, der aus dem Mixtopf steigt, kann böse Verbrennungen hervorrufen!
5. Kochzeiten bzw. Rührzeiten können variieren: Da wir mit Naturprodukten arbeiten, haben diese einen unterschiedlichen Wasser-, Zucker- oder Stärkegehalt. Es kann daher durchaus vorkommen, dass die Marmeladen etwas länger gekocht/gerührt werden müssen als angegeben. Deshalb bei der Gelierprobe immer auch probieren, ob die Früchte gut durch sind (Achtung, heiß!).
6. Wird heißes Gargut im Mixtopf püriert, schützt normalerweise der Messbecher (MB) vor dem Herausspritzen. Doch wenn der Mixtopf sehr voll oder das Gargut recht schwer ist, könnte es dennoch zu gefährlichen Spritzern kommen. Daher entweder den Messbecher (mit einem Tuch dazwischen) festhalten oder ein schweres Tuch darauflegen.
7. Beim Kochen von Konfitüren und Gelees soll der Messbecher nicht aufgelegt werden. Um dennoch vor Spritzern geschützt zu sein, einfach den Garkorb auf den Deckel des Mixtopfs stellen.
8. Sollte der Inhalt doch mehr überkochen, als in den Rand des Deckels passt (am besten immer dabeibleiben!), hilft es zumeist, die Stufe kurz zu erhöhen und dann wieder zu reduzieren. Gerade beim TM31, der einen etwas kleineren Mixtopf hat, kann dies vorkommen. Kocht dennoch Gargut über, etwas davon abschöpfen. Diese kleine Menge einfach frisch beim nächsten Frühstück genießen, sie muss nicht entsorgt werden.
9. Der Messbecher misst voll 100 ml, halb gefüllt (Markierung) 50 ml Inhalt. Er wurde in vielen Rezepten daher als Hilfe zum Abmessen verwendet – das geht noch schneller als Abwiegen.
10. Der Mixtopf wird besonders bei der Zubereitung von Chutneys sehr heiß, weil man diese stärker einkocht. Bitte Vorsicht walten lassen, da Verbrennungsgefahr beim Umfüllen besteht!
11. Angaben für den TM31 werden in Klammern angegeben, zum Beispiel: (**TM31: 8 Min./Varoma/Stufe 2/ohne MB**).

KONFITÜREN

Konfitüre oder Marmelade? Im Sprachgebrauch des deutschen und auch österreichischen Haushalts hat die Umbenennung des üblicherweise als Marmelade bezeichneten Fruchtaufstrichs aus diversen Früchten noch nicht stattgefunden. Doch die Europäische Union hat uns 1982 belehrt, dass ab sofort nur noch solche Aufstriche als Marmelade bezeichnet dürfen, die ausschließlich aus Zitrusfrüchten hergestellt wurden. Na was soll`s – Hauptsache, es schmeckt!

Besoffenes Pfläumchen

Wie von Großmutter

ca. 10 Minuten
Zutaten für 4 Gläser à 250 ml

800 g dunkle Pflaumen
350 g Gelierzucker 2:1
1 gehäufter TL Ingwerzuckerpaste
1 TL Zimtpulver
3 EL Limetten- oder Zitronensaft
2 EL Rum (noch besser Gewürzrum)

1. Pflaumen waschen und entkernen. Mit Gelierzucker, Ingwerzuckerpaste, Zimt und Limetten- oder Zitronensaft in den Mixtopf geben.
2. **5 Sek./Stufe 5/mit MB** mixen (wer die Konfitüre ganz fein haben möchte, auch länger), dann **15 Min./105 °C/Stufe 1/mit aufgesetztem Garkorb** kochen (**TM31: 16 Min./100 °C/Stufe 1/mit aufgesetztem Garkorb**).
3. Gelierprobe nehmen, den Rum zugeben und dann alles nochmals **10 Sek./Stufe 3/mit MB** mischen. Masse noch heiß abfüllen.

Kürbis-Birnen-Schmaus

Passt gut zu Pasteten oder gutem Räucherschinken

20 Minuten
Zutaten für 4 Gläser à 300 ml

1 kleiner Hokkaidokürbis (ca. 1 kg)
700 g Birnen
2 MB Orangensaft
½ MB Zitronensaft
½ MB Vanillerum oder Birnengeist (nach Belieben)
1 Prise Muskatnuss
500 g Gelierzucker 2:1

Varianten:
1 TL Ingwerzuckerpaste mitkochen
1 Sternanis mit 5 Pimentkörnern fein mörsern, mit ½ TL Zimtpulver mischen und Gewürze noch vor dem Mixen und Kochen zugeben

1. Backofen auf 160 °C Umluft vorheizen.
2. Kürbis vierteln, die Kerne mit einem Löffel herauskratzen. Kürbis auf ein mit Backpapier belegtes Backblech setzen und im Ofen 1 Std. backen.
3. Das Fruchtfleisch mit einem Löffel herauskratzen und in den Mixtopf geben.
4. Birnen schälen, Kerngehäuse entfernen, Fruchtfleisch in Stücke schneiden und in den Mixtopf schütten.
5. Orangensaft, Zitronensaft, Vanillerum (wenn gewünscht), Muskatnuss und Gelierzucker ebenfalls zugeben, **10 Sek./Stufe 7/mit MB** mixen. Masse mit dem Spatel hinunterschieben, Mixvorgang wiederholen. Je nach gewünschter Konsistenz nochmals wiederholen.
6. Jetzt Fruchtmasse kochen lassen: **14 Min./Varoma/Stufe 1/mit MB**. Gelierprobe nehmen, Masse in die Gläser füllen und verschließen.

Konfitüre aus Wildbirnen

Schmeckt sehr fein, nicht nur aufs Brot, sondern auch zu Käse, Wild und kaltem Braten

Achten Sie bei Ihrem nächsten Spaziergang am Waldrand oder auf alten Feldwegen einmal darauf, denn hier findet man die Wildbirnen. Sie sind roh fast ungenießbar, schmecken recht sauer und sehr herb (Gerbsäure). Und sie enthalten viel Pektin. Doch zu Marmelade oder Gelee verarbeitet, sind sie köstlich aromatisch! Praktisch: Man braucht die Minis für unser Rezept nicht zu schälen oder zu entkernen.

15 Minuten
Zutaten für 3 Gläser à 300 ml

60 g getrocknete Softbirnen (ungeschwefelt)
1 kg reife Wildbirnen (ca. 750 g geschält und ohne Kerngehäuse)
1 MB Wasser
1/3 TL gemahlene Nelken
(oder 5 ganze Nelken mit 2 EL vom Gelierzucker 10 Sek./Stufe 10/ mit MB mahlen)
2–3 EL Zitronensaft
½ MB Mirabellenbrand
1 gehäufter TL Orangenschalenabrieb
(oder 1 Tütchen Orangenschalenaroma)
300 g Gelierzucker 2:1

1. Getrocknete Softbirnen sehr fein schneiden.
2. Wildbirnen waschen, halbieren, Kerngehäuse entfernen, Wasser zugeben und im Mixtopf **10 Sek./Stufe 4/mit MB** mixen.
3. Dörrbirnenstücke, Nelken, Zitronensaft zugeben und alles **15 Min./105 °C/ Stufe 1/mit aufgesetztem Garkorb** kochen (**16 Min./100 °C/ Stufe 1/mit aufgesetztem Garkorb**).
4. Mirabellenbrand, Orangenschalenabrieb (oder Orangenschalenaroma) und Gelierzucker zugeben, **10 Sek./Stufe 4/mit MB** mischen. Dann alles **10 Min./Varoma/Stufe 1.5/mit aufgesetztem Garkorb** kochen.
5. Gelierprobe nehmen, eventuellen Schaum entfernen und Masse sofort heiß abfüllen. Gläser verschließen, 10 Min. auf den Kopf stellen, umdrehen, auskühlen lassen und beschriften.

Die kleinen Birnchen vor dem Mixen aufzuschneiden ist schon deshalb sinnvoll, weil manche davon erfahrungsgemäß innen nicht mehr gut sind, was man sonst nicht sehen könnte ...

Wer keine Fruchtstücke in der Konfitüre mag, mixt das gesamte Gargut nochmals kurz **10 Sek./Stufe 4/mit MB** durch, bevor der Gelierzucker dazukommt.

Erdbeer-Vanille-Traum

Der beliebte Klassiker

20 Minuten
Zutaten für 5 Gläser à 250 ml

1 kg Erdbeeren
1 Biozitrone
Mark von 1 Vanilleschote
500 g Gelierzucker 2:1

Varianten:

In jedes Glas vor dem Einfüllen 20 Blättchen frischen Thymian (alternativ 20 gehackte Blätter Basilikum) verteilen

Vor dem Abfüllen 3 EL Limoncello untermischen

Vor dem Abfüllen 3 EL Holunderblütensirup zugeben

Kurz vor dem Abfüllen 50 g geriebene weiße Schokolade unterrühren

1. Erdbeeren waschen, abtropfen lassen, Blütenansatz abschneiden und Fruchtfleisch in grobe Stücke schneiden. Zitrone heiß abspülen, trocknen. Schale mit einer Reibe abreiben, Saft auspressen.
2. Erdbeerstücke, Zitronenschale und -saft, Vanillemark und Gelierzucker in einer Schüssel mischen und 2–3 Std. im Kühlschrank ziehen lassen, zwischendurch umrühren.
3. Danach in den Mixtopf geben und **15 Min./105 °C/Stufe 1/mit aufgesetztem Garkorb** kochen (**TM31: 16 Min./100 °C/Stufe 1/mit aufgesetztem Garkorb**). Gelierprobe nehmen und Masse in die Gläser füllen.
4. Während des Abkühlens alle 20 Minuten die Gläser drehen und leicht rütteln, damit sich die Fruchtstücke gleichmäßig verteilen.

Ananas küsst Kaki

Zusammen ein Dreamteam

15 Minuten
Zutaten für 5 Gläser à 300 ml

500 g Kakifrüchte (oder Sharon)
450 g Ananas
1 Tonkabohne
Ca. 1 MB Limettensaft
500 g Gelierzucker 2:1

Variante:
3 EL Orangenlikör vor dem Abfüllen in die heiße Fruchtmasse geben und **30 Sek./Stufe 3/ mit MB** mischen

1. Kaki schälen und jeweils in 4–5 Stücke schneiden.
2. Schale, Augen und harten Strunk der Ananas entfernen. Fruchtfleisch in große Stücke schneiden.
3. Kaki- und Ananasstücke im Mixtopf **20 Sek./Stufe 10/mit MB** pürieren.
4. Tonkabohne fein reiben und mit ¾ MB Limettensaft und Gelierzucker in den Mixtopf geben, **2 Min./Stufe 3/mit MB** rühren.
5. Danach **16 Min./120 °C/Stufe 2/mit aufgesetztem Garkorb** (**TM31: 16 Min./Varoma/Stufe 2/mit aufgesetztem Garkorb**) kochen. Gelierprobe nehmen, abschmecken und bei Bedarf den restlichen Limettensaft zugeben, nochmals **10 Sek./Stufe 3/mit MB** mischen. Masse in die vorbereiteten Gläser füllen, sofort verschließen und abkühlen lassen.

Hagebutten-Orangen-Mus

Ein besonders gesunder Liebling auf dem Frühstückstisch

Für den TM31 unbedingt alle Mengen um 10 Prozent reduzieren!

1 Stunde
Zutaten für 6 Gläser à 300 ml

1 kg Hagebutten
1 l Orangensaft, frisch gepresst oder Direktsaft
750 g Gelierzucker 3:1
1 Prise gemahlene Vanille (oder 1 TL echter Vanillezucker)
4 EL Limettensaft

1. Hagebutten waschen, eventuell vorhandene Stiele entfernen. Im Mixtopf mit 700 ml Orangensaft **15 Sek./Stufe 6/mit MB** hacken. Dann **30 Min./100 °C/Stufe 3.5/mit MB** kochen. Achtung: Wird sehr heiß, Verbrennungsgefahr! Nur mithilfe eines Küchentuches oder nach 1 Std. Abkühlzeit öffnen!
2. Die leicht abgekühlten Hagebutten nochmals **15 Sek./Stufe 7/mit MB** mixen. Durch ein Sieb passieren oder durch eine Flotte Lotte treiben. Mixtopf spülen.
3. 1 kg vom Fruchtmus abmessen und mit dem restlichen Orangensaft, dem Gelierzucker und der Vanille im Mixtopf **16 Min./100 °C/Stufe 2.5/mit aufgesetztem Garkorb** kochen.
4. Limettensaft einrühren, **15 Sek./Stufe 3/mit MB** mischen. Masse sofort in die vorbereiteten Gläser füllen und verschließen. 10 Min. auf den Kopf stellen, wieder umgedreht auskühlen lassen.

Ergibt eine samtige, weiche und leckere Konfitüre, die sich auch sehr gut für die Verfeinerung von Kuchen, Torten, Desserts und Eiscreme eignet. Obwohl das Kochen natürlich viel von dem enthaltenen Vitamin C zerstört, ist immer noch ein Teil vorhanden, außerdem Antioxidantien (Lycopin), Fruchtsäuren etc.

Brombeer-Aronia-Konfitüre

Ein herb-fruchtiges Vergnügen

45 Minuten
Zutaten für 3 Gläser à 300 ml

3 Stangen frisches Zitronengras
2 ½ MB Aronia-Direktsaft (ungesüßt)
500 g Brombeeren (frisch oder TK)
400 g Gelierzucker 2:1
Evtl. 1 EL Zitronenschalenzucker

1. Zitronengras abwaschen und in Stücke schneiden. Im Mixtopf **10 Sek./Stufe 10/mit MB** hacken, mit dem Spatel nach unten schieben.
2. Aroniasaft zugeben und alles **10 Min./100 °C/Stufe 2/ohne MB** kochen. 10 Min. stehen lassen, dann durch den Garkorb oder ein Sieb passieren, das Zitronengras gut ausdrücken.
3. Diesen Saft (ca. 230 ml) nun in den Mixtopf geben. Brombeeren waschen, putzen und mit dem Gelierzucker zufügen und alles **10 Sek./Stufe 4/mit MB** mischen. Dann **13 Min./Varoma/Stufe 1.5/Linkslauf/mit aufgesetztem Garkorb** kochen (gefrorene Brombeeren + 2 Min.).
4. Gelierprobe nehmen, abschmecken, evtl. Zitronenschalenzucker einrühren. Masse nochmals aufkochen: **1 Min./100 °C/Stufe 1/mit aufgesetztem Garkorb**. Dann in die Gläser füllen.

Diese Konfitüre schmeckt auch anstelle der üblichen Preiselbeeren zu Wild, kaltem Braten, Wiener Schnitzel oder Käse!

Ananas-Limetten-Konfitüre

Ein tropisches Traumpaar

15 Minuten
Zutaten für 3 Gläser à 300 ml

850 g reife Ananas
3 Limetten
500 g Gelierzucker 2:1
(wer es weniger süß mag, verwendet 350 g Gelierzucker 3:1)
½ MB Orangenlikör
(oder ½ MB Apfelsaft und 1 TL Orangenzucker)

Variante:
Wer Kräutergeschmack mag, gibt dem Ananas-Zucker-Gemisch gleich zu Beginn 1 TL getrocknete und fein gerebelte Minzblätter zu.

Man kann die Ananas auch im Mixtopf pürieren, dann wird die Konfitüre allerdings eher trüb-cremig.

1. Ananas schälen, Augen und harten Strunk herausschneiden.
2. Fruchtfleisch würfeln. Limetten auspressen.
3. Ananas mit dem Gelierzucker und dem Limettensaft in eine Schüssel geben, durchmischen und 2 Std. Saft ziehen lassen. Dabei alle 30 Minuten umrühren.
4. Frucht-Zucker-Mischung im Mixtopf **16 Min./Varoma/Stufe 1/Linkslauf/mit aufgesetztem Garkorb** kochen. Orangenlikör (oder Saft) zugeben, **10 Sek./Stufe 3/mit MB** mischen.
5. Gelierprobe machen. Masse in die Gläser füllen. Beim Abkühlen mehrmals umdrehen, damit sich das Fruchtfleisch gleichmäßig verteilt.

Nashibirne mit getrockneter Zitrone

Eine herb-süße Spezialität

Für den TM31 die angegebenen Zutaten um etwa 10 Prozent verringern!

10 Minuten
+ 15 Minuten Vorbereitung am Tag zuvor

Zutaten für 7 Gläser à 200 ml

2 Biozitronen
1 kg Nashibirnen
600 g Wasser
500 g Gelierzucker 2:1
¼ TL Vanillepulver

1. Am Vortag Backofen auf 50 °C Umluft oder 60 °C Ober-/Unterhitze vorheizen. Die Zitronen heiß abwaschen und abtrocknen. Mit einem scharfen Messer (oder der Brotschneidemaschine) in maximal 1 mm dünne Scheiben schneiden. Ein Backblech mit Backpapier belegen und die Scheiben darauflegen, sodass sie nicht übereinanderliegen. Blech in den Backofen geben (mittlere Schiene) und Scheiben 12–15 Std. trocknen lassen. Dabei in die Backofentür einen Kochlöffel klemmen, sodass sie leicht geöffnet ist und die entstehende Feuchtigkeit herauskann. Die Zitronenscheiben anschließend an der Luft noch mit einem Tuch abgedeckt bis zur Verwendung weiter trocknen lassen. Dann jede Scheibe vierteln.
2. Die Nashibirnen waschen, schälen (außer man bekommt Biofrüchte), Kerngehäuse entfernen, Fruchtfleisch in Stücke schneiden und in den Garkorb legen.
3. Das Wasser in den Mixtopf füllen, Garkorb einsetzen und Birnen **30 Min./Varoma/Stufe 2/mit MB** dünsten. Garkorb mithilfe des Spatels herausheben, Wasser in einen Behälter umschütten und beiseitestellen.
4. Die Birnen wieder in den Mixtopf geben, mit dem Garsud auf 1 kg auffüllen, Gelierzucker zugeben und alles **10 Sek./Stufe 3.5/mit MB** mischen.
5. Vanille und Zitronenstücke zugeben, **9 Min./Varoma/Stufe 1.5/mit aufgesetztem Garkorb** kochen.
6. Gelierprobe nehmen, Masse sofort in die heiß gespülten Gläser abfüllen und verschließen.

Das Dörren verändert Inhaltsstoffe und Aromen und gibt dem Ganzen so eine ganz eigene Note.

Der Energieaufwand lohnt sich besonders, wenn man gleichzeitig weitere Bleche mit in Scheiben geschnittenen Früchten oder Gemüse trocknet.

Himbeer-Granatapfel-Konfitüre

Dem bekannten Grenadinesirup nachempfunden

30 Minuten
(mit dem Auspressen von Granatapfelsaft)

Zutaten für 4 Gläser à 250 ml

500 g Himbeeren (frisch oder TK)
330 g Granatapfelsaft (am besten mit der Zitruspresse frisch gepresst aus ca. 2 Granatäpfeln)
500 g Gelierzucker 2:1
Mark von 1 Vanilleschote
2 EL Zitronensaft
Nach Belieben 2 EL Himbeerbrand

Varianten:

Statt Granatapfelsaft ungezuckerten Kirschsaft verwenden, dafür aber nur 400 g Gelierzucker 2:1 nehmen
Zusätzlich 2 EL Orangenschalenzucker und evtl. Orangenlikör statt Himbeerbrand mitkochen
1 fein gemahlenen Sternanis oder 5 frisch gemahlene Nelken mitkochen

1. Saubere Himbeeren (möglichst nicht waschen, nur auslesen) oder gefrorene Himbeeren mit dem Granatapfelsaft in den Mixtopf geben. Gelierzucker, Vanillemark und Zitronensaft zugeben, **10 Sek./Stufe 4/mit MB** mischen.
2. Dann Masse **12 Min./120 °C/Stufe 1.5/Linkslauf/mit aufgesetztem Garkorb** einkochen (gefrorene Himbeeren + 2 Min.) (**TM31: 12 Min./Varoma/Stufe 1.5/Linkslauf/mit aufgesetztem Garkorb**).
3. Gelierprobe nehmen, nach Belieben den Himbeerbrand einrühren und Masse in die vorbereiteten Gläser abfüllen.

Wer lieber keine Kerne in seinem Fruchtaufstrich hat, kocht das Himbeer-Granatapfel-Mus nach Rezept, aber ohne Zucker, streicht es dann durch ein feines Sieb (oder durch die Flotte Lotte), bevor es mit 450 g Gelierzucker weitergekocht wird.

Cranberry-Apfel-Konfitüre mit Nelken

Leicht herb

25 Minuten
(mit dem Auspressen von Apfelsaft)
Zutaten für 4 Gläser à 250 ml

600 g Cranberrys
8 Nelken
1 EL Vanillezucker
350 g naturtrüber Apfelsaft
500 g Gelierzucker 2:1

1. Cranberrys waschen und abtropfen lassen.
2. Nelken im Mörser fein mahlen oder mit dem Vanillezucker im Mixtopf **10 Sek./Stufe 10/mit MB** mahlen, mit einem Küchenpinsel hinunterstreichen, Mahlvorgang wiederholen.
3. Alle anderen Zutaten zufügen und **14 Min./120 °C/Stufe 1.5/mit aufgesetztem Garkorb** (**TM31: 14 Min./Varoma/Stufe 1.5/ mit aufgesetztem Garkorb**) kochen.
4. Gelierprobe nehmen und Masse in die sauberen Gläser füllen.

Das Ganze schmeckt besonders gut mit frisch gepresstem Apfelsaft. Dafür 3–4 Bioäpfel gut abwaschen, abtrocknen und Stiele entfernen. Äpfel vierteln und **20 Sek./Stufe 10/mit MB** im Mixtopf fein mixen. Mus in ein Tuch oder einen Nussmilchbeutel füllen, Saft in einer Schüssel auffangen. Den Fruchtrückstand auspressen, bis er ganz trocken ist. Von diesem Saft 350 ml für die Konfitüre abmessen, den Rest am besten gleich genießen!

Cranberrys wirken, regelmäßig eingenommen, stärkend auf die Blase. Man tut seiner Gesundheit mit dieser Konfitüre also etwas Gutes!

Pflaumenmus mit Burgunder und Tonkabohne

Fruchtig-würzig

15 Minuten
Zutaten für 3 Gläser à 300 ml

- 200 g Dörrpflaumen (möglichst ungeschwefelt)
- 5 MB trockener Burgunderwein
- 500 g blaue Pflaumen
- 1 Tonkabohne
- 1 Prise gemahlene Nelken
- 350 g Gelierzucker 3:1

1. Die Dörrpflaumen über Nacht in einer Schüssel abgedeckt im Burgunder einweichen.
2. Anderntags die Pflaumen waschen, vierteln und entsteinen. Tonkabohne fein reiben.
3. Pflaumen mit den eingeweichten Dörrpflaumen und der restlichen Einweichflüssigkeit im Mixtopf **10 Sek./Stufe 4/mit MB** hacken. Tonkabohne, Nelken und Gelierzucker zugeben, **10 Sek./Stufe 4/mit MB** untermischen. Dann **20 Min./100 °C/Stufe 1/mit aufgesetztem Garkorb** kochen.
4. Gelierprobe nehmen und Masse in die Gläser füllen.

Schmeckt köstlich zu Herzhaftem wie kaltem Braten, Käse, Wild, Wiener Schnitzel und dunklem Fleisch.

Konfitüre aus Feigen und Orangen mit Rosmarin

Fast wie ein Frühstück am Meer

15 Minuten
Zutaten für 3 Gläser à 250 ml

1 kleiner Zweig Rosmarin
500 g reife dunkle Feigen
2 große Orangen
350 g Gelierzucker 2:1
½ MB Limoncello (oder 4 EL Limettensaft)

Variante:
Wer mag, presst die Orangen nicht aus, sondern filetiert sie, fängt dabei den Saft auf und gibt beides mit den Feigen in den Mixtopf zum Kochen.

1. Rosmarin waschen, trockenschütteln, Nadeln abzupfen und fein hacken. Feigen waschen, putzen und vierteln. Orangen auspressen.
2. Rosmarin, Feigen, Orangensaft sowie Gelierzucker im Mixtopf **10 Sek./ Stufe 4/mit MB** vermischen. Dann **20 Min./100 °C/Stufe 1/ ohne MB** kochen.
3. Limoncello oder Limettensaft zugeben, mit dem Spatel untermischen, nach Bedarf Schaum abschöpfen.
4. Gelierprobe machen, Masse abfüllen und Konfitüre am besten noch 3 Tage ruhen lassen!

Quittenkonfitüre mit Grapefruit und Ingwer

Schmeckt auch gut zu Fleisch, kaltem Braten und Käse

1 Stunde
Zutaten für 8 Gläser à 250 ml

15 g Ingwer
350 g Wasser
2 rote Grapefruits
1,25 kg gekochte Quitten (siehe Quittengelee Seite 72)
800 g Gelierzucker 2:1
Nach Belieben 50 ml Mirabellenbrand

Varianten:

Quittenkonfitüre mit Walnüssen: Statt des Grapefruitsafts gibt man vor der Gelierprobe 50 g grob gehackte Walnüsse hinzu

Quittenkonfitüre mit Pistazien: Statt des Grapefruitsafts werden vor der Gelierprobe 60 g trocken geröstete und gehackte Pistazien eingerührt

Das Wasser kann durch naturtrüben, ungesüßten Apfel- oder Birnensaft ersetzt werden

Statt der Grapefruits 1 große Orange verwenden

1. Ingwer schälen (Bioware nur waschen), klein schneiden, in einer Schüssel mit dem kochenden Wasser überbrühen und 20 Min. ziehen lassen. Durch ein Sieb abgießen, dabei den Sud auffangen. Grapefruits auspressen.
2. Gekochte Quitten im Mixtopf fein pürieren, durch ein Sieb passieren (das dauert zwar, hat aber den Vorteil, dass die im Fruchtfleisch enthaltenen kleinen Körnchen entfernt werden und die Konfitüre samtweich wird). 1,2 kg von dem Quittenmus abmessen. Mixtopf spülen.
3. Quittenmus, Grapefruitsaft, Gelierzucker und Ingwerwasser in den Mixtopf geben, **10 Sek./Stufe 4/mit MB** mischen. Dann **14 Min./100 °C/Stufe 1.5/mit aufgesetztem Garkorb** kochen.
4. Gelierprobe nehmen. Wer mag, fügt nun den Mirabellenbrand zu und mischt das Ganze noch **15 Sek./Stufe 3/mit MB** durch. Dann in Gläser füllen.

Statt die gekochten Quitten vom Quittengelee zu verwenden, kann man Quitten natürlich auch extra zubereiten (dann verlängert sich der Aufwand entsprechend): 1,2 kg gewaschene Quitten abreiben, vierteln und im Mixtopf mit 300 g Wasser **15 Sek./Stufe 7/mit MB** hacken, danach **25 Min./100 °C/Stufe 2/mit MB** kochen. Durch ein Sieb passieren (evtl. erst durch die Flotte Lotte treiben), ergibt ca. 600 g. Entweder das Ganze mit weiteren 1,2 kg Quitten durchführen oder die restlichen Zutaten für das oben stehende Rezept halbieren.

Pflaumen-Maracuja-Konfitüre

Ein Traumpaar

20 Minuten
Zutaten für 3 Gläser à 250 ml

800 g gelbe Pflaumen
5–6 Maracujas
300 g Gelierzucker 2:1
1 TL Vanillezucker

Variante:
Gut schmeckt die Konfitüre auch, wenn man 1/2 MB Vanillerum oder Armagnac nach dem Kochen zugefügt.

Wer keine Kerne in der Konfitüre mag, verwendet 2 Maracujas mehr und passiert das Fruchtfleisch durch ein Sieb.

1. Pflaumen waschen, halbieren und entsteinen.
2. Maracujas aufschneiden, Fruchtfleisch herauskratzen.
3. Pflaumen in den Mixtopf geben und **8 Sek./Stufe 4/mit MB** mixen. Maracujafruchtfleisch, Gelierzucker und Vanillezucker zugeben, dann **16 Min./100 °C/Stufe 1/mit aufgesetztem Garkorb** kochen.
4. Gelierprobe nehmen und Masse in Gläser abfüllen.

Brombeer-Zitronen-Konfitüre

Fruchtig, aromatisch, leicht herb

30 Minuten
Zutaten für 5 Gläser à 250 ml

750 g Brombeeren (frisch oder TK)
1 Biozitrone
500 g brauner Rohrzucker
2 Zitronen
1 Päckchen Gelierfix 2:1

Variante:
Nach dem Kochen ½ MB Orangenlikör oder Limoncello unterrühren

1. Frische Brombeeren waschen, Blätter und Stielreste entfernen und Beeren in eine Schüssel geben (TK-Früchte gefroren in eine Schüssel geben).
2. Die Biozitrone heiß abwaschen, abtrocknen und die Schale mit einer Reibe abreiben, zu den Brombeeren geben. Den Zucker darüberschütten, alles vorsichtig umrühren und abgedeckt 10 Std. Saft ziehen lassen, zwischendurch durchmischen.
3. Danach alle 3 Zitronen gut schälen (auch das Weiße entfernen) und das Fruchtfleisch filetieren, Saft auffangen.
4. Brombeer-Zucker-Mischung sowie die Zitronenfilets und den Saft in den Mixtopf schütten.
5. Gelierpulver zugeben und **30 Sek./Stufe 2.5/Linkslauf/mit MB** mischen. Dann **13 Min./110 °C/Linkslauf/Stufe 1/mit aufgesetztem Garkorb** (**TM31: 15 Min./100 °C/Linkslauf/Stufe 1/mit aufgesetztem Garkorb**) kochen. Gelierprobe nehmen und Masse heiß in Gläser abfüllen.

Zum Filetieren der Zitronen ein scharfes Küchenmesser mit Wellenschliff verwenden, dann gelingt es sehr gut. Die weiße Haut muss vorher vollständig weggeschnitten werden. Dann müssen alle Kerne entfernt werden. Hat man nur kleine Zitronen, gelingt das Filetieren oft mit den Fingern am besten.

Wer es eher süß liebt, verwendet zusätzlich 100 g Zucker (mit dem Gelierpulver vermischen und wie angegeben weiterverarbeiten).

Kirschkonfitüre Schwarzwälder Art

30 Minuten
Zutaten für 4 Gläser à 300 ml

1,2 kg rote Kirschen
500 g Gelierzucker 2:1
1 MB Kirschwasser
80 g Zartbitterschokolade

1. Kirschen waschen, abtropfen lassen, entstielen und entsteinen. Mit dem Gelierzucker und dem Kirschwasser in eine Schüssel geben und 2 Std. ziehen lassen, dabei alle 30 Minuten umrühren.
2. Schokolade in Stücke brechen und im Mixtopf **10 Sek./Stufe 7/mit MB** hacken, dann in eine Schüssel umfüllen.
3. Kirschen mit dem entstandenen Sirup in den Mixtopf füllen und **12 Min./ Varoma/Stufe 1.5/Linkslauf/mit aufgesetztem Garkorb** kochen.
4. Schokolade zugeben und **30 Sek./Stufe 3/mit MB** in der Masse auflösen.
5. Gelierprobe nehmen, die Konfitüre dann in Gläser abfüllen. Während des Abkühlens gelegentlich durchschütteln.

Da das Kirschwasser gleich zu Beginn mitgekocht wird, ist der Alkohol fast verflogen, deswegen ist diese Konfitüre auch für größere Kinder geeignet.

Ganzjähriges Zubereiten dieser feinen Konfitüre ist möglich, wenn man 900 g TK-Sauerkirschen verwendet

Mango-Vanille-Konfitüre

Exotisch-samtig

20 Minuten
Zutaten für 3 Gläser à 300 ml

3 mittelgroße reife Mangos
Mark von 1 Vanilleschote
200 ml Orangensaft, frisch gepresst oder Direktsaft
4 EL Zitronensaft oder 2 EL Apfelessig
500 g Gelierzucker 2:1
Nach Belieben 3 EL Orangenlikör, Limoncello oder Amaretto

Varianten:

Nur 2 Maracujas und 2 statt 4 EL Zitronensaft verwenden
Orangensaft durch Grapefruit- oder Mandarinensaft ersetzen
Statt des Vanillemarks 30 g fein gewürfelten Ingwer zugeben

1. Mangos schälen, Kern herausschneiden, Fruchtfleisch in Stücke schneiden, 800 g abwiegen.
2. 500 g Mango in den Mixtopf geben, **10 Sek./Stufe 8/mit MB** pürieren.
3. Das restliche Fruchtfleisch fein würfeln und mit den übrigen Zutaten ebenfalls in den Mixtopf geben. Alles **13 Min./Varoma/Stufe 1.5/Linkslauf/mit aufgesetztem Garkorb** kochen.
4. Gelierprobe nehmen, nach Belieben den Likör untermischen und Masse in Gläser abfüllen.

Bratapfelkonfitüre mit Honig und Zimtblüten

Die lieben alle!

15 Minuten
Zutaten für 4 Gläser à 300 ml

2 Biozitronen
5 Zimtblüten
(oder ½ TL Zimtpulver)
1,2 kg säuerliche Äpfel
3 EL Waldhonig
500 g Gelierzucker 2:1
Nach Belieben 3 EL Gewürzrum oder Amaretto

1. Backofen auf 180 °C Ober-/Unterhitze vorheizen.
2. Zitronen heiß abwaschen und abtrocknen. Schale mit einer Reibe abreiben, Saft von 1 Zitrone auspressen (benötigt werden je nach Saftgehalt eventuell auch beide).
3. Zimtblüten im Mörser zerstoßen.
4. Äpfel waschen, achteln und dabei Kerngehäuse herausschneiden (wer einen Apfelschneider besitzt, verwendet diesen).
5. Die Apfelstücke mit dem Honig, der Zitronenschale, 5 EL Zitronensaft und den gestoßenen Zimtblüten in eine Bratreine füllen, durchmischen und in den Backofen (mittlere Schiene) schieben. 45 Min. backen, bis die Äpfel weich sind.
6. Apfelmasse in den Mixtopf schütten und **20 Sek./Stufe 6/mit MB** mixen. Gelierzucker zugeben, **10 Sek./Stufe 4/mit MB** untermischen und alles **12 Min./Stufe 1.5/mit aufgesetztem Garkorb** kochen.
7. In der letzten Minute den Alkohol zugeben, wenn gewünscht.
8. Gelierprobe nehmen und Masse in die sauberen Gläser abfüllen.

Diese Konfitüre schmeckt auch zu kaltem Braten und Käse.

Kiwi-Minz-Konfitüre

Beliebt bei der ganzen Familie

Je nach Reife der Früchte kann die Masse beim TM31 überkochen (der Mixtopf ist ja etwas kleiner als beim TM5). Daher bitte immer beaufsichtigen und wenn nötig die Hitze auf 100 °C reduzieren oder sogar kurz abschalten!

20 Minuten
Zutaten für 5 Gläser à 250 ml

750 g Kiwi (10 mittelgroße)
5 g frische Minzblätter
Ca. 300 g naturtrüber Apfelsaft (Direktsaft)
500 g Gelierzucker 2:1
Nach Belieben ½ MB Cointreau oder Drambuie-Likör

1. Kiwis schälen, halbieren, dann in dicke Scheiben schneiden. Minze waschen, trockenschütteln und fein hacken.
2. Kiwistücke in den Mixtopf geben, mit dem Apfelsaft auf 900 g auffüllen (TM31: besser nur 850 g).
3. Gelierzucker zufügen und alles **15 Sek./Stufe 2/Linkslauf/ohne MB** mischen.
4. Dann **11 Min./Varoma/Stufe 1/Linkslauf/mit aufgesetztem Garkorb** kochen.
5. Gelierprobe nehmen. Minze und nach Belieben Likör zugeben, kurz unterrühren, danach Masse in Gläser abfüllen. Beim Abkühlen die Gläser immer wieder rütteln, damit sich die Früchte gleichmäßig verteilen.

Wer keine frische Minze hat, kann auch getrocknete Blätter verwenden: 1 TL fein zerreiben und 1 Minute vor Ende des Kochvorgangs zugeben.

Die Konfitüre schäumt stark, daher die letzten 3 Minuten auf Linkslauf umschalten. Schaumreste mit dem Löffel abheben.

Heidelbeerkonfitüre mit Vanille

Mit feinem Waldaroma

10 Minuten
Zutaten für 4 Gläser à 250 ml

600 g Wildheidelbeeren (frisch oder TK)
350 g naturtrüber Birnensaft
1 EL Vanillezucker
500 g Gelierzucker 2:1

Variante:
Nach dem Kochen noch ½ MB Calvados oder Williamsbirnenschnaps untermischen

1. Heidelbeeren in den Garkorb schütten, waschen, abschütteln und verlesen (oder in eine Schüssel geben und auftauen lassen). Mit dem Birnensaft, dem Vanillezucker und dem Gelierzucker zusammen im Mixtopf **10 Sek./Stufe 8/mit MB** mixen.
2. Dann **14 Min./Varoma/Stufe 1.5 mit aufgesetztem Garkorb** kochen.
3. Gelierprobe nehmen, dann Masse in Gläser abfüllen.

Cranberry-Curd

Wird vielleicht der Lieblingscurd!

Aus Großbritannien und Nordamerika stammend, werden Fruchtcurds auch bei uns immer beliebter, wenn sie auch nicht wirklich zu den Konfitüren zählen. Besonders bekannt ist Lemon-Curd aus Zitronen oder Limetten, Eiern, Butter und Zucker. Hier stellen wir eine andere Variante vor, nämlich einen feinen Curd aus Cranberrys – Sie werden staunen!

15 Minuten
Zutaten für 3 Gläser à 250 ml

1 l Cranberrynektar (Fruchtgehalt ca. 30 %)
125 g Cranberrys
175 g Süßrahmbutter
4 sehr frische Eier, Größe L
225 g Zucker
½ TL gemahlene Vanille

1. Cranberrynektar im Mixtopf **55 Min./Varoma/Stufe 1/ohne MB** einkochen. Cranberrys in den Garkorb geben, abwaschen, abschütteln und zum Saft in den Mixtopf schütten. **10 Min./100 °C/Stufe 1/mit MB** kochen. Anschließend **10 Sek./Stufe 8/mit MB** (Deckel festhalten) pürieren. Durch ein Sieb streichen und in einer Schüssel beiseitestellen. Mixtopf ausspülen.
2. Eier im Mixtopf **10 Sek./Stufe 8/mit MB** aufschlagen. Butter in Stücke schneiden.
3. Cranberrymus in den Mixtopf füllen, Zucker, Eier und Vanille zugeben, **15 Sek./Stufe 8/mit MB** verrühren. Dann **25 Min./90 °C/Stufe 2/ohne MB** emulgieren. Anschließend **8 Sek./Stufe 6/mit MB** aufmixen. Sofort in sterile Gläser abfüllen.
4. Abgekühlt im Kühlschrank aufbewahren und innerhalb von wenigen Wochen aufbrauchen.

Verwenden Sie diesen Curd nicht nur auf Brot (zum Nachmittagstee oder -kaffee), sondern auch zum Füllen von leckeren Fruchtpies oder als Topping von Muffins und Törtchen.

MARMELADEN

Wenn auch durch die teilweise mitverwendeten Schalen etwas bitter, sind diese Marmeladen aus frischen Zitrusfrüchten wie Orangen, Kumquats, Zitronen oder Grapefruits eine echte Bereicherung für den Frühstückstisch. Sie schmecken wunderbar fruchtig und so richtig nach Sonne und Süden – mit der Extraportion immunstärkendem Vitamin C genau das Richtige für einen trüben und nasskalten Tag. Marmeladen sind nicht nur auf Brot sehr lecker, sondern verfeinern Kuchen, Torten und Desserts oder schmecken zu Käse und kaltem Braten.

Achten Sie bitte darauf, nur Ware mit verzehrbarer Schale einzukaufen!

Clementinenmarmelade

Die bitter-süße Versuchung

35 Minuten
Zutaten für 3–4 Gläser à 250 ml

1 kg Bioclementinen
8 EL Zucker
Bei Bedarf etwas Mandarinen- oder Orangensaft
30 g Zitronensaft
330 g Gelierzucker 2:1
Nach Belieben 3 EL Mandarinen- oder Orangenlikör

Varianten:

Für die Weihnachtszeit geben Gewürze wie gemahlene Nelken, Zimt oder Lebkuchengewürz (1 TL) das passende Aroma.

Wer Vanille gerne mag, kocht das ausgekratzte Mark einer Vanilleschote mit.

Lieber weniger bitter? Dann nur die Hälfte vom Schalenzucker zugeben. Füllen Sie den Rest in ein Schraubglas und verwenden Sie die Mischung für andere Konfitüren oder für Kuchen und Plätzchen.

1. Die Clementinen unter heißem Wasser gründlich abwaschen, abtrocknen.
2. 4 Stück beiseitelegen. Von den anderen mit einer Reibe die Haut direkt in den Mixtopf reiben, darauf achten, dass die weiße Unterhaut nicht mitgerieben wird.
3. Zucker dazugeben, alles **20 Sek./Stufe 3/ohne MB** gründlich vermischen, in eine Schüssel umfüllen und zur Seite stellen.
4. Die beiseitegelegten 4 Clementinen halbieren, dünn in Scheiben schneiden und den dabei austretenden Saft auffangen.
5. Abgeriebene Clementinen schälen und in Spalten in den Mixtopf geben. **8 Sek./Stufe 6/mit MB** hacken, durch den Garkorb in eine Schüssel schütten. Den Fruchtrückstand dabei fest auspressen (man kann dafür auch ein Tuch oder einen Nussmilchbeutel nehmen). Es darf durchaus etwas Fruchtfleisch mit hineingelangen, nur die Innenhäute sollen so entfernt werden.
6. Clementinensaft mit den Clementinenscheiben in den Mixtopf geben, bei Bedarf mit Saft auf 650 g auffüllen. Zitronensaft, Gelierzucker und Schalen-Zucker-Mischung zugeben, **10 Sek./Stufe 4/mit MB** mischen. Dann **17 Min./120 °C/Linkslauf/Stufe 2/mit aufgesetztem Garkorb** (**TM31: 17 Min./Varoma/Linkslauf/Stufe 2/mit aufgesetztem Garkorb**) kochen. Gelierprobe nehmen, Masse abschmecken, evtl. den Likör unterrühren und Marmelade in Gläser abfüllen.

Kumquatmarmelade mit Sternanis-Weißwein-Karamell

Würzig, fruchtig, unwiderstehlich!

20 Minuten
Zutaten für 3–4 Gläser à 250 ml

50 g Zucker
100 g Blutorangensaft
1 TL Sternanisstücke
1 Päckchen echter Vanillezucker (9 g)
200 g trockener Weißwein
600 g Kumquats
500 g Gelierzucker 2:1
(oder 350 g Gelierzucker 3:1, wenn die Marmelade fest sein soll)

1. Zucker in einer heißen Kasserolle anschmelzen lassen. Bevor er ganz flüssig ist und dunkel wird, mit dem Blutorangensaft ablöschen. Sternanis und Vanillezucker zugeben und unter Rühren 3–4 Min. bei starker Hitze einkochen. Die zähe Masse jetzt mit dem Weißwein ablöschen, aufkochen, sodass ein Sirup entsteht, und abkühlen lassen.
2. Die Kumquats abwaschen, Ansätze abzwicken, schräg in Scheiben aufschneiden (ca. 3 mm dick) und in eine Schüssel füllen. Gelierzucker zugeben, gut vermischen und 1 Std. ziehen lassen.
3. Kumquats mit ihrem Saft und dem Weinsirup im Mixtopf **18 Min./110 °C/Stufe 1/mit aufgesetztem Garkorb** kochen (**TM31: 20 Min./100 °C/Stufe1/mit aufgesetztem Garkorb**).
4. Gelierprobe nehmen. Masse in Gläser füllen, verschließen. Während des Abkühlens die Gläser mehrmals umdrehen, damit sich die Fruchtscheiben gleichmäßig darin verteilen.

Orangen-Marzipan-Marmelade (veganer Orangen-Curd)

Zum Dahinschmelzen

20 Minuten
Zutaten für 6 Gläser à 150 ml

- 150 g blanchierte Mandeln
- 50 g ganze Mandeln mit Haut
- 500 g Gelierzucker 2:1
- 2 EL Rosenwasser oder Orangenblütenwasser
- 2 EL Amaretto (oder 1 TL Bittermandelaromaöl)
- Nach Belieben 2 EL Rum
- 700 g frisch gepresster Orangensaft (ca. 6 Saftorangen)
- 3 EL Zitronensaft

Die Konsistenz dieser ungewöhnlichen und veganen Marmelade erinnert an cremigen Orangen-Curd. Sie schmeckt ebenfalls sehr gut zu Eis, Desserts, Fruchtsalat, Gebäck und Kuchen.

1. Alle Mandeln und 200 g vom Gelierzucker im Mixtopf **1 Min./Stufe 10/ mit MB** mahlen. Mit dem Spatel nach unten schieben und einmal durchrühren.
2. Rosenwasser (oder Orangenblütenwasser), Amaretto (oder Bittermandelaromaöl) und evtl. Rum zugeben und nochmals unter Zuhilfenahme des Spatels **30 Sek./Stufe 10** mischen.
3. Orangensaft, Zitronensaft und restlichen Gelierzucker zugeben, mit dem Spatel gründlich durchrühren und **1 Min./Stufe 3/mit MB** mischen, bis eine homogene Masse entsteht. Dann **13 Min./120 °C/Stufe 2/ mit aufgesetztem Garkorb (TM31: 13 Min./Varoma/Stufe 2/mit aufgesetztem Garkorb**) kochen. Gläser zwischenzeitlich mit kochendem Wasser ausspülen. Dann die Marmelade einfüllen. Innerhalb von 4 Monaten verbrauchen.

Orangenmarmelade mit Orangenblütenparfum

Holt den Süden an den Frühstückstisch

40 Minuten
Zutaten für 2 Gläser à 250 ml

1 kg Bioorangen
1 Prise gemahlene Nelken
1 Prise gemahlene Vanille
350 g Gelierzucker 3:1
40 ml Limoncello
(oder 3 EL Zitronensaft)
2 EL Orangenblütenwasser

1. Die Orangen in einer Schüssel mit kochendem Wasser übergießen und 1 Std. stehen lassen, das entbittert (wer die Marmelade sehr bitter mag, lässt diesen Schritt weg und wäscht die Orangen nur heiß ab).
2. Das Wasser abgießen, die Orangen abtrocknen und 2 Orangen in Scheiben schneiden. Den dabei austretenden Saft und die Scheiben in eine Schüssel geben.
3. Von den restlichen Orangen die Schale ohne die weiße Unterhaut abreiben. Das Fruchtfleisch zwischen den Innenhäuten herausschneiden, auftretenden Saft auffangen und Kerne entfernen.
4. Fruchtfleisch, die abgeriebene Schale (soll es nicht so bitter werden, nur die Hälfte davon nehmen und die andere Hälfte zu Orangenschalenzucker verarbeiten, siehe Seite 14), die Orangenscheiben und den aufgefangenen Saft in den Mixtopf schütten. Gewürze und Gelierzucker zugeben, **10 Sek./Stufe 4/mit MB** mischen. Dann **17 Min./100 °C/Stufe 1/mit aufgesetztem Garkorb** kochen.
5. Eine Gelierprobe nehmen, eventuell nochmals 2–3 Minuten nachkochen.
6. Limoncello und Orangenblütenwasser zugeben und **5 Sek./Stufe 3/mit MB** mischen.
7. Masse in Gläser abfüllen. Während des Abkühlens mehrmals drehen und leicht schütteln, damit sich die Stücke gleichmäßig verteilen.

Cedratzitronenmarmelade

Super auf Crackern!

30 Minuten
Zutaten für 3 Gläser à 300 ml

400 g Cedratzitrone
100 g Zucker
250 ml Wasser
500 g Gelierzucker 2:1
3 EL Limoncello

Varianten:

1 EL fein gehackten Rosmarin 1 Minute vor dem Kochende zugeben
Statt Wasser 250 ml frischen Orangensaft oder Apfelsaft verwenden
Gut schmeckt die Marmelade auch, wenn man den Limoncello durch Orangenlikör

1. Die Cedratzitrone mit heißem Wasser abwaschen, trocknen, die Schale mit einer Reibe abreiben. Die Schale anschließend mit dem Zucker und dem Wasser in den Mixtopf geben und **10 Min./100 °C/Stufe 1/ohne MB** kochen.
2. Die geschälte Cedratzitrone längs vierteln und in dünne Scheiben aufschneiden (das wenige Fruchtfleisch, das enthalten ist, sowie die dicke weiße Schale).
3. Die Scheiben zum Schalensirup in den Mixtopf geben und alles **20 Min./ 100 °C/Stufe 1/ohne MB** kochen.
4. Den Gelierzucker zugeben, **10 Sek./Stufe 4/mit MB** untermischen und dann **15 Min./100 °C/Stufe 1/ohne MB** kochen. Nochmals weitere **4 Min./Varoma/Stufe 1/mit aufgesetztem Garkorb** rühren.
5. Wer mag, mixt die Masse nun noch etwas feiner (**5–10 Sek./Stufe 5/ mit MB**). Den Limoncello zufügen und **10 Sek./Stufe 3/mit MB** mischen.
6. Gelierprobe nehmen. Masse in Gläser abfüllen, verschließen und Gläser für einige Minuten auf den Kopf stellen. Wieder umgedreht auskühlen lassen.

GELEES

Gelee wird meist aus Fruchtsaft zubereitet und enthält weder Fruchtstücke noch Kerne. Bei einigen Sorten ist es sinnvoll, den Saft oder Sud erst zu reduzieren, um das Aroma zu verstärken. Das Gelee schmeckt dann viel intensiver und besser.

Je nach Fruchtsorte wird mehr Geliermittel als bei Konfitüren benötigt, damit die Masse fest wird. Wer auf keinen Fall ein weiches Gelee haben möchte, ersetzt den Gelierzucker 2:1 lieber durch dieselbe Menge 3:1. Falls sich bei der Gelierprobe noch nichts tut und der Sud komplett flüssig bleibt, das Ganze noch mal 2–4 Minuten mit Varoma nachkochen. Grundsätzlich ziehen viele Gelees noch mehrere Tage lang an, werden also zunehmend stabiler. Im Kühlschrank gelagert werden sie ebenfalls fester.

Gibt man klein geschnittene Kräuter, Gewürze, Zitruszesten, Nüsse oder Blütenblätter zum Gelee, sieht das besonders hübsch aus. Wichtig ist dabei allerdings, die Gläser während des Abkühlens immer wieder zu drehen oder leicht zu rütteln, damit sich die Zugaben gleichmäßig verteilen.

Campari-Mandarinen-Gelee

Auch lecker für den Nachmittagstee. Nicht für Kinder geeignet!

5 Minuten
(mit Auspressen von Saft + 10 Minuten)

Zutaten für 3 Gläser à 300 ml

700 g Mandarinensaft (frisch gepresst oder Direktsaft)
500 g Gelierzucker 2:1
1 MB Campari
Bei Bedarf etwas Zitronensaft

Varianten:

2 EL Zitronen- oder Orangenzesten (von Biofrüchten) mit dem Campari zugeben und mitkochen. Beim Abkühlen die Gläser dann immer wieder rütteln, damit sie sich gleichmäßig verteilen.
½ TL gemahlenen Sternanis oder Nelken mitkochen lassen
Statt Mandarinensaft Orangen- oder Blutorangensaft verwenden

1. Mandarinensaft im Mixtopf **19 Min./Varoma/Stufe 1/ohne MB** reduzieren. Gelierzucker zugeben, **10 Sek./Stufe 3/mit MB** mischen. Dann **9 Min./Varoma/Stufe 1.5/mit aufgesetztem Garkorb** kochen.
2. Während der letzten 30 Sekunden den Campari durch die Deckelöffnung einfüllen.
1. Gelierprobe machen, bei Bedarf etwas Zitronensaft zugeben und dann **10 Sek./Stufe 3/mit MB** mischen. Gelee in Gläser füllen und verschließen.

Espressogelee mit Amarettoaroma

Für Kaffeeliebhaber. Nicht für Kinder geeignet!

5 Minuten
Zutaten für 4 Gläser à 200 ml

500 g frisch gebrühter Espresso
350 g Gelierzucker 3:1
(wer es sehr süß mag, verwendet 400 g Gelierzucker)
100 g Amaretto

Das Gelee bleibt nur bei Kühlschranklagerung fest!

1. Espresso und Gelierzucker im Mixtopf **9 Min./Varoma/Stufe 1/mit aufgesetztem Garkorb** kochen.
2. Amaretto zugeben und **1 Min./Varoma/Stufe 1.5/mit aufgesetztem Garkorb** weiterkochen.
3. Gelierprobe machen, Masse in Gläser füllen und diese gut verschließen.

Glühwürmchengelee mit Holunder

Besonders beliebt in der Adventzeit

10 Minuten
Zutaten für 5 Gläser à 250 ml

1 Biozitrone
1 ½ Zimtstangen
8 Pimentkörner
10 Nelken
1 getrocknete Vanilleschote
1 Sternanis
1 Stück Ingwer (ca. 1 cm)
1½ l Holunderwein
500 g Gelierzucker 3:1
3 EL Orangenlikör (z. B. Grand Marnier oder Cointreau)

Varianten:

Statt des Holunderweins Kirschwein oder trockenen Rotwein verwenden
Eine Kindervariante lässt sich mit ungesüßtem Holundersaft zubereiten (den Orangenlikör dann weglassen oder mit dem Gelierzucker zusammen zufügen, damit der Alkohol verkocht).

1. Zitrone waschen, abtrocknen und die Schale ohne die weiße Unterhaut abreiben. Dann Saft auspressen.
2. Vanilleschote in Stücke brechen, mit den Gewürzen, dem geschälten Ingwer und der Zitronenschale im Mixtopf **30 Sek./Stufe 10/mit MB** mahlen, mit dem Spatel nach unten schieben.
3. Die Hälfte vom Holunderwein zugießen und **60 Min./100 °C/Stufe 1/ohne MB** kochen. Den restlichen Holunderwein zugeben und alles nochmals **60 Min./100 °C/Stufe 1/ohne MB** einkochen lassen. Dann durch ein feines Sieb filtern.
4. Holunderwein mit dem Gelierzucker und dem Zitronensaft in den Mixtopf geben und **10 Sek./Stufe 3/mit MB** mischen, dann **13 Min./Varoma/Stufe 1/mit aufgesetztem Garkorb** kochen.
5. In der letzten Minute den Orangenlikör zugeben. Gelierprobe nehmen und Masse sofort in die vorbereiteten Gläser füllen.

Zitronengelee mit gerösteten Pistazien

30 Minuten
Zutaten für 4 Gläser à 250 ml

Ca. 13 Zitronen (davon 6 in Bioqualität mit essbarer Schale)
1 kg Gelierzucker 1:1
50 g geschälte Pistazien
Nach Belieben 4 EL Limoncello oder Orangenlikör

Je nach Sorte und Frische der Zitronen kann die Kochzeit variieren, bis das Gelee fest wird. Planen Sie bei Bedarf also 3 Minuten mehr Kochzeit ein!

1. Die Biozitronen abwaschen, trocknen und die Schale mit einem Zestenreißer in langen Streifen abziehen. Die Hälfte davon in eine kleine Schüssel geben, mit kochendem Wasser übergießen, sodass sie bedeckt sind (das zieht die Bitterstoffe heraus), die andere Hälfte beiseitestellen.
2. Nun alle Zitronen auspressen und den Saft durchsieben, 500 ml davon in den Mixtopf geben, mit Wasser auf 800 ml verlängern.
3. Die eingeweichten Zitronenschalen durch ein Sieb abgießen und gut auspressen. Schalen und Gelierzucker in den Mixtopf geben, **10 Sek./Stufe 3/mit MB** mischen. Alles **16 Min./Varoma/Stufe 1/mit aufgesetztem Garkorb** kochen.
4. Die Pistazien in einer heißen Kasserolle unter Rühren etwa 2 Min. rösten, umfüllen, kurz abkühlen lassen, dann grob hacken.
5. Die Gläser heiß ausspülen, die beiseitegestellten Zitronenschalenstreifen und die Pistazien darin verteilen.
6. Gelierprobe nehmen, bei Bedarf 3 Min. nachkochen. Nach Belieben den Likör zugeben, umrühren und das Gelee durch ein Sieb in die Gläser füllen (die mitgekochten Zesten werden so entfernt), dann gut verschließen.
7. Die Gläser etwa alle 20 Minuten umdrehen und sanft schütteln, sodass sich die Zesten und die Pistazien gleichmäßig verteilen. Das sieht nicht nur dekorativ aus, sondern das Gelee lässt sich auch besser entnehmen. Innerhalb von 3 Monaten aufbrauchen.

Karotten-Apfel-Ingwer-Gelee mit Vanillenote

Gesund und fruchtig

Bei Verwendung des TM31 unbedingt 10 Prozent weniger Apfelsaft und Karotten nehmen als im Rezept angegeben, Zucker um 25 g reduzieren, sonst kocht alles über. Alternativ kann man den Karotten-Apfelsaft-Mix auch auf 800 g einkochen (**ca. 15 Min./Varoma/ohne MB**).

30 Minuten
Zutaten für 3 Gläser à 300 ml

1 kg Biokarotten
50 g Ingwer
Ca. 400 g naturtrüber Apfelsaft (ungesüßt)
Mark von 1 Vanilleschote
500 g Gelierzucker 2:1
(wer das Gelee eher schnittfest mag, verwendet Gelierzucker 3:1)
75 ml Limettensaft (ca. 3 Limetten)

Variante:
Statt Apfelsaft Acerolakirschsaft verwenden

1. Karotten waschen, putzen und in grobe Stücke schneiden.
2. Ingwer schälen und grob klein schneiden.
3. Karotten und Ingwer mit 350 ml Apfelsaft im Mixtopf **10 Sek./Stufe 10/mit MB** hacken. Anschließend **7 Min./120 °C/Stufe 1/mit aufgesetztem Garkorb** (**TM31: 7 Min./Varoma/Stufe 1/mit aufgesetztem Garkorb**) kochen. Nach etwa 4 Minuten **2 Sek./Turbostufe/mit MB** mixen, dann weiterkochen. 30 Min. auskühlen lassen.
4. Das Karottenmus jetzt in den Nussmilchbeutel füllen (alternativ in ein sauberes Passiertuch), gut auspressen und Saft auffangen. Mixtopf sauber ausspülen, Saft hineingeben und bei Bedarf mit dem restlichen Apfelsaft auf 900 g auffüllen.
5. Vanillemark und Gelierzucker zugeben und **20 Min./Varoma/Stufe 1/mit aufgesetztem Garkorb** kochen.
6. Limettensaft zugeben, **15 Sek./Stufe 3/mit MB** vermengen. Durch ein Sieb in die vorbereiteten Gläser abfüllen. Das Gelee ist noch sehr flüssig, es braucht bis zu 1 Woche, bis es fest wird (evtl. einfach in den Kühlschrank stellen).

Falsches Kirschgelee

(Himbeer-Kornelkirsch-Gelee mit Rotweinreduktion)

15 Minuten
Zutaten für 3 Gläser à 200 ml

Rotweinreduktion:

1 Vanilleschote
1 Zimtstange
3 Pimentkörner
300 g trockener Rotwein

Gelee:

2 l sehr reife Kornelkirschen
350 g Himbeeren (frisch oder TK)
500 g Kirschsaft
300 g Gelierzucker 2:1

1. Vanilleschote in kleine Stücke schneiden, Zimtstange durchbrechen. Alle Gewürze im Mixtopf **10 Sek./Stufe 6/mit MB** hacken. Rotwein zugießen und alles **15 Min./Varoma/Stufe 1/ohne MB** einkochen. Durch ein Sieb in einen Behälter abgießen (Gewürze nicht wegwerfen, siehe Seite 66).
2. Kornelkirschen, Himbeeren und Kirschsaft im Mixtopf **60 Min./100 °C/Stufe 1/mit MB** kochen.
3. Sind die Früchte zu groß und lassen sich schlecht rühren, kann man sie kurz mit der Turbostufe mixen.
4. Die Fruchtmasse durch ein Sieb abgießen, Saft auffangen, die Früchte mit der Rückseite einer Suppenkelle leicht ausdrücken. Fruchtrückstand evtl. zu Sirup weiterverarbeiten (siehe Seite 66).
5. Mixtopf sauber spülen, Kirsch-Himbeer-Saft und Rotweinreduktion hineingeben. Bei Bedarf mit etwas Kirschsaft (oder Wasser) auf 450 g auffüllen.
6. Gelierzucker zugeben, alles **5 Sek./Stufe 4/mit MB** mischen. Anschließend **7 Min./Varoma/Stufe 1.5/mit aufgesetztem Garkorb** kochen.
7. Gelierprobe nehmen und Masse in Gläser abfüllen.

Falsches Kirschgelee heißt das Rezept deshalb, weil Kornelkirschen keine »echten« Kirschen sind, sondern die Früchte des Kornelkirschbaumes oder Gelben Hartriegels. Da man sie nur sehr selten kaufen kann, muss man sie selbst sammeln (Erntezeit September). Sie schmecken säuerlich, herb und wild aromatisch und ergeben, besonders in Kombination mit den Himbeeren, ein wunderbares Gelee, das auch sehr gut zu pikanten Gerichten wie Käse und Wild passt.

Kornelkirsch-Himbeer-Sirup

Fruchtrückstand aus dem Geleerezept
Gewürze aus der Rotweinreduktion von Seite 64
1,5 l Wasser
Ca. 1 kg Zucker

1. Fruchtrückstand mit den Gewürzen und dem Wasser in den Mixtopf geben, **40 Min./100 °C/Stufe 1/ohne MB** kochen. Durch ein Tuch filtern (Achtung, sehr heiß!), Saft auffangen und Mixtopf spülen.
2. Saft wieder in den Mixtopf geben und im Verhältnis 1:1 den Zucker zufügen, dann **6 Min./Varoma/Stufe 1.5/ohne MB** kochen.
3. Sirup in mit heißem Wasser vorgewärmte Flaschen füllen und verschließen. Hält sich verschlossen mehrere Monate.

Apfelgelee mit Amaretto

Zutaten für 4 Gläser à 250 ml

1 kg säuerliche Äpfel
½ MB Zitronensaft
500 g Gelierzucker 2:1
1 MB Amaretto (oder 8 Tropfen Bittermandelaroma und 1 MB Apfelsaft)

Variante:
Schmeckt auch gut mit etwas fein gehackter frischer Minze, die kurz vor Kochende zugegeben wird. Während des Abkühlens mehrmals schütteln, sodass sie sich gleichmäßig im Glas verteilt.

1. Die Äpfel mit lauwarmem Wasser gründlich waschen, Stiele entfernen und Äpfel achteln.
2. Apfelstücke mit dem Zitronensaft in den Mixtopf füllen, **10 Sek./Stufe 8/mit MB** hacken, dann nochmals **5 Sek./Stufe 10/mit MB**. Das Apfelmus nun in einen Nussmilchbeutel oder ein mit einem Tuch ausgelegtes Sieb schütten und richtig fest auspressen, dabei den Saft auffangen.
3. Mixtopf sauber spülen, Apfelsaft in den Mixtopf geben (es sollen 700–750 g sein).
4. Gelierzucker zugeben und alles **13 Min./Varoma/Stufe 1.5/mit aufgesetztem Garkorb** kochen.
5. 30 Sekunden vor Kochende Amaretto (bzw. Bittermandelaroma und Apfelsaft) durch die Deckelöffnung zugießen.
6. Gelierprobe nehmen und Gelee in Gläser abfüllen.

Holunderblütengelee mit Sekt

Süßer Blütenduft mit edlem Sekt

10 Minuten
Zutaten für 3 Gläser à 250 ml

6 große Holunderblütendolden
600 ml trockener Sekt
1 Biolimette
350 g Gelierzucker 2:1
1 TL Vanillezucker

1. Die sauberen (nur ausschütteln, nicht waschen!) Holunderblüten ohne dicke Stiele in eine Schüssel geben und mit dem Sekt übergießen.
2. Limette heiß abwaschen, in Scheiben schneiden und in die Schüssel geben. Alles 2 Tage lang abgedeckt im Kühlschrank ziehen lassen.
3. Holunder-Limetten-Gemisch durch ein Sieb abgießen und den aromatisierten Sekt mit dem Gelierzucker und dem Vanillezucker im Mixtopf **13 Min./100 °C/Stufe 1/mit MB** kochen.
4. Gelierprobe nehmen und Gelee heiß in Gläser abfüllen.

Mit diesem Rezept lassen sich auch andere Blüten wie Lavendel oder echter Flieder, aber auch Kräuter wie Minze und Basilikum zu einem feinen Gelee verarbeiten.

Rosengelee

Nicht nur für Rosenfans

15 Minuten
Zutaten für 4 Gläser à 250 ml

5–6 Duftrosen
500 ml trockener Roséwein
250 ml klarer Apfelsaft (ungezuckert)
3 EL Zitronensaft
500 g Gelierzucker 2:1
1 EL Vanillezucker
2 EL frische rote Rosenblätter (oder 1 EL getrocknete)

Varianten:

Statt Apfelsaft eignet sich auch trockener Rotwein.

Apfelsaft durch Kirschsaft (Direktsaft, evtl. Amarenakirschsaft) ersetzen

Wer keinen Wein verwenden möchte, nimmt nur Saft oder eine Mischung aus Apfelsaft und Wasser.

Die Blätter im Gelee kann man selbstverständlich auch weglassen.

1. Die Blütenblätter der Duftrosen abzupfen. Mit dem Wein in eine Schüssel füllen, die Blütenblätter dabei gut in den Wein drücken, sodass sie alle damit bedeckt sind. Mischung abgedeckt im Kühlschrank 3 Tage lang ziehen lassen.
2. Danach Rosen-Wein-Gemisch durch ein feines Sieb gießen, Flüssigkeit auffangen und Blätter gut auspressen.
3. Den Rosenwein mit dem Apfelsaft, dem Zitronensaft, dem Gelierzucker und dem Vanillezucker in den Mixtopf geben, **10 Sek./Stufe 3/mit MB** mischen. Danach **14 Min./Varoma/Stufe 1.5/mit aufgesetztem Garkorb** kochen.
4. Die Gläser sehr heiß ausspülen und die roten Rosenblätter in die Gläser verteilen.
5. Gelierprobe machen, dann Gelee in die Gläser füllen. Während des Abkühlens die Gläser öfters leicht rütteln und umdrehen, damit sich die Blätter gleichmäßig verteilen können.

Eine besonders schöne Farbe bekommt das Gelee, wenn dunkelrote Duftrosen verwendet werden.

Wer noch mehr Rosenaroma möchte, gibt ½ MB Rosenwasser (Hydrolat) dazu.

Bitter-sweet Salbeigelee

10 Minuten
Zutaten für 2 Gläser à 200 ml

700 g naturtrüber Apfelsaft (ungesüßt)
10 g Salbeitriebspitzen (ca. 7 Stück)
1 Biolimette
150 g Gelierzucker 3:1

1. Apfelsaft im Mixtopf **30 Min./100 °C/Stufe 2/ohne MB** einkochen. Die Salbeiblätter mit einer Schere grob zerschneiden und in den Mixtopf geben. Limette abwaschen, trocknen, vierteln und zum Saft geben. Alles nochmals **30 Min./100 °C/Stufe 2/ohne MB** kochen.
2. Saftgemisch durch ein Sieb abgießen, 400 ml Saft abmessen (wenn nötig, mit etwas weiterem Apfelsaft oder Wasser verlängern).
3. Saft mit dem Gelierzucker in den Mixtopf geben und **10 Min./Varoma/Stufe 1/mit aufgesetztem Garkorb** kochen.
4. Gelierprobe nehmen und Gelee heiß in Gläser abfüllen.

Wer mag, kann auch noch vor dem Einfüllen des Gelees eine Prise gehackten Salbei in jedes Glas geben. Beim Auskühlen dann Gläser mehrmals schütteln, damit sich der Salbei gut verteilt.

Je nach Apfelsorte kann es mehrere Tage dauern, bis das Gelee richtig fest ist. Im Kühlschrank aufbewahrt, wird es schneller fest.

Quittengelee pur

30 Minuten
Zutaten für 5 Gläser à 250 ml

2 kg Quitten
Wasser
400 g Gelierzucker 3:1
Nach Belieben Saft von 1 Limette

1. Die Quitten waschen, von den Härchen befreien und samt Schale und Kernhaus in grobe Stücke schneiden (kleine Früchte einfach nur vierteln). Quitten in den Varoma-Aufsatz geben.
2. 750 ml Wasser in den Mixtopf füllen. Den Garkorb einsetzen und eine passend große, hitzefeste Schüssel (z. B. aus Edelstahl oder Steingut) hineinstellen. Varoma aufsetzen und Quitten **30 Min./Varoma/Stufe 1.5** kochen.
3. Den Saft, der sich in der Schüssel sammelt, umgießen (evtl. mit einem Schöpflöffel, ist sehr heiß!). Kochwasser wieder auffüllen und Vorgang wiederholen. Je nachdem, wie frisch die Früchte sind, wiederholt man dies, bis sich die Saftausbeute nicht mehr lohnt, das kann durchaus 6–8 Durchgänge brauchen. Insgesamt erhält man etwa 1 l Saft.
4. Den Quittensaft in den Mixtopf geben und **15 Min./Varoma/ohne MB** kochen. Gelierzucker zugeben, **10 Sek./Stufe 3/mit MB** mischen, dann **12 Min./105 °C/Stufe 2/mit aufgesetztem Garkorb** kochen (**TM31: 14 Min./100 °C/Stufe 2/mit aufgesetztem Garkorb**).
5. Gelee probieren, eventuell mit dem Limettensaft säuern und Gelierprobe machen. Masse entschäumen oder durch ein feines Sieb in die Gläser füllen.

Quittensaft kann man übrigens auch kaufen (ungesüßt, am besten in Bioqualität) und daraus dann Gelee herstellen. Empfehlenswert ist es, den Saft zuvor einzukochen, von 1 l auf ca. 600 ml (**30 Min./Varoma/Stufe 1.5/ohne MB**), dann wird das Gelee aromatischer.

Quitten können im Thermomix® entsaftet werden, es dauert zwar lange, der Saft wird aber sehr lecker.

Johannisbeergelee mit Vanille

5 Minuten
(ohne Entsaften)

Zutaten für 5 Gläser à 250 ml

1 kg Roter-Johannisbeer-Saft
900 g Gelierzucker 1:1
1 TL Vanillepulver

1. Johannisbeersaft in den Mixtopf geben und **20 Min./Varoma/Stufe 1/ ohne MB** reduzieren.
2. Gelierzucker und Vanillepulver zugeben und **15 Sek./Stufe 3/mit MB** mischen. Dann **10 Min./Varoma/Stufe 1/mit aufgesetztem Garkorb** kochen.
3. Gelierprobe nehmen und Gelee in Gläser abfüllen.

Wer selbst entsaften will, kann dies nach der Anleitung zum Quittengelee tun. Für 900–1000 ml Saft benötigt man etwa 2 kg Johannisbeeren.

Weißbiergelee

Für Bierliebhaber und solche, die es hiermit noch werden

5 Minuten
Zutaten für 2 Gläser à 200 ml

500 ml dunkles Weißbier
150 g Gelierzucker 3:1

1. Das Weißbier in den Mixtopf füllen und **18 Min./Varoma/Stufe 1/ mit aufgesetztem Garkorb** einkochen.
2. Den Gelierzucker zugeben und alles **5 Min./Varoma/Stufe 1/mit aufgesetztem Garkorb** kochen.
3. Gelierprobe machen und Masse in die vorbereiteten Gläser füllen.

Quittengelee mit Minze

Ein Traumpaar!

1 Stunde
Zutaten für 6 Gläser à 250 ml

- 3 kg Quitten (am besten Birnenquitten)
- 2 Biozitronen
- 500 ml Wasser
- 500 g Gelierzucker 3:1
- 4–5 EL Minzsirup
- Nach Belieben 1 TL getrocknete und gerebelte Minzblätter oder -blüten

1. Quitten waschen, die Härchen auf der Schale dabei wegbürsten. Schlechte Stellen, Blüten- und Stielansatz entfernen. Mit der Schale in grobe Stücke schneiden (ergibt ca. 2,5 kg Quittenstücke).
2. Zitronen abwaschen und in 8 Stücke schneiden. Mit den Quittenstücken und dem Wasser in einen großen Kochtopf füllen. Bei mittlerer Hitze 40 Minuten lang kochen lassen.
3. Ein Sieb mit einem Nesseltuch auskleiden und die gekochten Quitten- und Zitronenstücke hineinschütten. Den Saft am besten mehrere Stunden lang durchtropfen lassen und auffangen. Je weniger Druck dabei auf die Quitten ausgeübt wird, desto klarer wird das Gelee. Daraus ergeben sich etwa 1,4 l klarer Saft. Die Früchte lassen sich zu Quittenkonfitüre verarbeiten (siehe Rezept Seite 36).
4. Den Saft im Mixtopf **15 Min./Varoma/Stufe 1/ohne MB** reduzieren. Gelierzucker zugeben, **10 Sek./Stufe 3/mit MB** mischen. Dann **12 Min./100 °C/Stufe 1/mit aufgesetztem Garkorb** kochen. Minzsirup und eventuell Minzblätter oder -blüten zugeben und **15 Sek./Stufe 3/mit MB** mischen.
5. Gelierprobe nehmen und Masse in die Gläser füllen. Beim Abkühlen Gläser mehrmals umdrehen und rütteln, damit sich die Kräuter gleichmäßig verteilen.

Holunderblütengelee mit Apfelsaft

10 Minuten
Zutaten für 4 Gläser à 250 ml

8–10 Holunderblütendolden ohne Stiele
750 ml Apfelsaft (ungesüßt)
2 Biozitronen
500 g Gelierzucker 2:1
Nach Belieben 15 Blätter frische Minze

Das Minzaroma kann man durch die Zugabe von 2 EL Minzsirup oder Minzlikör noch verstärken (30 Sekunden vor Kochende zugeben).

1. Die gesäuberten, aber nicht gewaschenen Holunderblüten mit dem Apfelsaft und den in dünne Scheiben geschnittenen Biozitronen in eine Schüssel geben und abgedeckt 36 Std. im Kühlschrank ziehen lassen.
2. Gemisch dann durch ein Sieb abgießen, Sud auffangen und mit dem Gelierzucker im Mixtopf **14 Min./105 °C/Stufe 2 mit aufgesetztem Garkorb** kochen (**TM31: 15 Min./100 °C/Stufe 2/mit aufgesetztem Garkorb**).
3. Minze fein hacken, in das Gelee geben. Gelierprobe nehmen und Masse in Gläser abfüllen. Beim Abkühlen die Gläser öfters umdrehen und leicht schütteln, damit sich die Minze gleichmäßig verteilt.

Wipferlgelee

Frisch aus dem Wald auf den Tisch

10 Minuten
Zutaten für 5 Gläser à 250 ml

600 ml frisch gepflückte Spitzen von der Fichte oder Tanne (Triebspitzen)
600 ml Wasser
600 ml klarer Apfelsaft
1 Zitrone
500 g Gelierzucker 2:1

Variante:
Eine pikante, weniger süße Variante lässt sich durch das Mitkochen von 1 Prise Chilipulver, 1 EL gemörserten Wacholderbeeren und ½ TL Salz herstellen. Dabei 400 g Gelierzucker 3:1 verwenden.

Dieses Geschenk der Natur schmeckt nicht nur auf Brot, sondern auch zu Pfannkuchen, Reibekuchen, Käse und Wild. Bitte nur mit Einverständnis des Baumbesitzers pflücken und lediglich von den unteren Zweigen sowie von mehreren Bäumen. Meist sind die Fichten- und Tannenspitzen im Mai und Juni pflückreif. Sie schmecken sehr würzig und nach Zitrone.

1. Die sauberen Triebspitzen (nicht waschen) mit dem Wasser und dem Apfelsaft in den Mixtopf geben und **25 Min./Varoma/Stufe 2/mit MB** kochen. Dann in ein hitzefestes Gefäß umfüllen und über Nacht abgedeckt ruhen lassen.
2. Am nächsten Tag Saftgemisch durch ein Sieb filtern, Sud dabei auffangen. Zitrone auspressen.
3. Den Sud mit dem Gelierzucker und dem Zitronensaft **10 Min./Varoma/ Stufe 1.5/mit aufgesetztem Garkorb** einkochen.
4. Gelierprobe machen und Gelee in Gläser abfüllen.

Wilhelms Birnentraum

15 Minuten
Zutaten für 3 Gläser à 200 ml

1 kg reife Williamsbirnen
300 ml Wasser
250 g Gelierzucker 2:1
2 EL Zitronensaft
Nach Belieben 1 EL Limoncello oder Williamsbirnengeist

Variante:
Versuchen Sie das Gelee auch mit getrockneten Rosmarin-, Basilikum- oder Minzblüten (1 Prise je Glas zugeben).

1. Die Birnen kalt abwaschen, Stiele abbrechen. Birnen vierteln und in den Mixtopf füllen. **4–5 Sek./Stufe 4/mit MB** hacken, sie sollen sich nur gut rühren lassen, aber nicht musig werden. Mit dem Spatel nach unten schieben, Wasser angießen und alles **15 Min./100 °C/Stufe 2/mit aufgesetztem Garkorb** kochen, dann nochmals **10 Min./90 °C/Stufe 1/ohne MB**.
2. Birnenmasse durch ein Tuch gießen, dabei nur leicht ausdrücken, Saft auffangen. Saft noch mehrmals durch das Tuch oder einen Kaffeefilter laufen lassen, bis er möglichst klar ist (davon hängt es ab, wie durchsichtig das Gelee wird). Wer die Geduld hat, lässt den Saft über Nacht durchlaufen.
3. Gelierzucker, Zitronensaft und eventuell Limoncello bzw. Williamsbirnengeist zugeben und **12 Min./100 °C/Stufe 2/mit aufgesetztem Garkorb** rühren.
4. Gelierprobe machen. Entstandenen Schaum vorsichtig abschöpfen. Das Gelee dann in die Gläser füllen. Gläser verschließen, 15–30 Min. auf den Kopf stellen.

CHUTNEYS

Chutney nennt man in Indien eine eingekochte Würzmarmelade aus Früchten oder Gemüse, die mit Essig oder Zitronensaft gesäuert, mit Zucker oder Honig gesüßt und mit vielen Gewürzen verfeinert wird. Auch bei uns erfreuen sich diese vielseitig einsetzbaren Pasten steigender Beliebtheit. Sie passen zu Fleisch, Fisch, Käse, aufs Brot und natürlich zu vielen indischen und asiatischen Gerichten wie Currys und Naan-Brot.

Empfehlenswert ist die Verwendung von kleineren Gläsern mit etwa 100–150 ml Inhalt. Gläser und Deckel am besten vorher auskochen oder im Backofen sterilisieren (10 Min. bei 180 °C, im Backofen auskühlen lassen).

Die hier vorgestellten Chutneys halten sich, wenn sauber gearbeitet wurde und je nach Zucker- bzw. Essiganteil, 2 bis 4 Monate. Der Essig wird übrigens im Laufe der Wochen immer milder! Auch verwendete Gewürze finden sich so richtig erst nach einigen Tagen zusammen und harmonieren dann noch besser.

Apfel-Minz-Chutney

20 Minuten
Zutaten für 1 l

- 1 kg säuerliche Äpfel
- 200 g Zwiebeln
- 50 g Zitronensaft oder Verjus
- 300 g Weißwein
- 250 g Rohrohrzucker
- 1 gehäufter TL Salz
- 6 Gewürznelken
- 1 EL frische Minzblätter (oder 1 TL getrocknete Minze)

1. Äpfel waschen, schälen, Kerngehäuse entfernen und Fruchtfleisch klein schneiden.
2. Zwiebeln schälen, vierteln. Im Mixtopf **6 Sek./Stufe 4/mit MB** hacken, mit dem Spatel nach unten schieben. Restliche Zutaten außer der Minze zugeben und **35 Min./100 °C/Stufe 1/ohne MB** einkochen.
3. Minze waschen, trockenschütteln und klein schneiden oder getrocknete Minzblätter zwischen den Fingern zerreiben. Das Chutney abschmecken, evtl. etwas säuern oder nachsalzen, Minzblätter unterrühren, Masse heiß in die Gläser einfüllen. Hält sich etwa 4-6 Wochen.

Vanillepfeffer

3 Minuten
Zutaten

3 getrocknete Vanilleschoten
1 TL schwarze Pfefferkörner
1 TL Zucker

Die Vanilleschoten in kleine Stücke brechen oder schneiden. Mit dem Pfeffer und dem Zucker im Mixtopf **60 Sek./Stufe 10/mit MB** mahlen (ein Papiertuch unter den MB klemmen). Vor dem Öffnen kurz warten! Mit einem Pinsel das Pulver sorgfältig nach unten wischen und Vorgang wiederholen.

Das erhaltene Gewürz passt sowohl in die süße Küche (Desserts, Kuchen, Weihnachtsbäckerei) als auch in die pikante (Marinaden, Braten, Pasta, Konfitüren, Chutneys, Saucen). Gut verschlossen aufbewahren.

Asia-Aroma-Essig

10 Minuten
Zutaten für 280 ml

2 Stängel Zitronengras
1 Chilischote
15 g Bioingwer
300 g Reisessig (oder Weißweinessig, dann 2 TL Zucker verwenden)
1 TL brauner Zucker (oder 2 TL Agavendicksaft)

1. Zitronengras, Chili und Ingwer (Bioware nicht schälen) waschen, putzen und in Stücke schneiden. Im Mixtopf **10 Sek./Stufe 6/mit MB** hacken. Mit dem Spatel nach unten schieben und Vorgang wiederholen.
2. Essig und Zucker bzw. Agavendicksaft zugeben und alles **5 Min./Varoma/Stufe 2/mit MB** kochen.
3. Essig in ein Schraubglas umfüllen und 1 Woche lang stehen lassen, danach durch ein Sieb filtern. Hält sich 6 Monate (unbedingt eine Flasche mit Kunststoffdeckel verwenden!).

Würzig-scharfes Paprika-Chutney

Eine Bereicherung nicht nur für kaltes Essen

15 Minuten
Zutaten für 500 ml

700 g rote Spitzpaprika
2–3 Chilischoten (oder 1 TL Chilipulver)
100 g Schalotten
3 Knoblauchzehen
1 EL Ingwerzuckerpaste
3 EL Olivenöl
1 EL Apfelkraut (ca. 50 g)
60 g Rohrohrzucker
(oder 60 g Gelierzucker 2:1)
1 MB Rotweinessig
1 MB Apfelsaft
1 EL Paprikapulver, edelsüß
Salz

1. Paprika waschen, längs halbieren, Kerne, Zwischenhäute und Stielansätze entfernen und Fruchtfleisch in Stücke schneiden.
2. Chilischoten waschen, entkernen und in feine Streifen schneiden. Schalotten und Knoblauch schälen und vierteln. Beides im Mixtopf **5 Sek./Stufe 5/mit MB** hacken, mit dem Spatel hinunterschieben. Chilistreifen, Ingwerzuckerpaste und Olivenöl zugeben und alles **5 Min./Varoma/Stufe 1/ohne MB** dünsten.
3. Apfelkraut und Rohrzucker zugeben, **5 Sek./Stufe 4/mit MB** mischen, dann **1 Min./Varoma/Stufe 1/ohne MB** rühren. Essig und Apfelsaft zugeben.
4. Paprikastücke und Paprikapulver zu den anderen Zutaten in den Mixtopf geben, **5 Sek./Stufe 5/mit MB** rühren, dann alles **40 Min./Varoma/Stufe 1/ohne MB** kochen und **15 Sek./Stufe 10/mit MB** (MB dabei festhalten!) pürieren.
5. Chutney mit Salz abschmecken und heiß in Gläser füllen.

Wer das Chutney fester mag, verwendet Gelierzucker statt Rohrzucker und gibt diesen erst während der letzten 5 Kochminuten dazu.

Die Schale der Paprika wird hier bewusst nicht entfernt, da gerade in und unter ihr viele gesunde Inhaltsstoffe enthalten sind.

Cranberry-Chutney mit Äpfeln und Vanillepfeffer

10 Minuten
Zutaten für 500 ml

135 g getrocknete Cranberrys
250 g Rotwein
½ TL Vanillepfeffer (siehe Seite 86)
200 g Äpfel (2 kleine)
1 EL Apfelessig
2 EL Rohrohrzucker
1 Msp. Chilipulver

1. Cranberrys mit dem Rotwein und dem Vanillepfeffer in den Mixtopf geben und 6 Std., besser über Nacht einweichen.
2. Dann **3 Min./100 °C/Sanftrührstufe/mit MB** kochen.
3. In der Zwischenzeit die Äpfel schälen, Kerngehäuse entfernen und Fruchtfleisch klein würfeln. Mit den restlichen Zutaten zu den Cranberrys geben und alles **4 Min./100 °C/Stufe 1/mit MB** kochen.
4. Chutney abschmecken, nach Wunsch nachsäuern oder nachsüßen und heiß abfüllen.

Dieses fruchtig-scharfe Chutney passt besonders gut zu Käse, Schnitzel, Wild, Fisch, Fleisch und Tofu. Es wird aber auch gerne einmal als pikanter Brotaufstrich verwendet.

Mango-Chutney

10 Minuten
Zutaten für 750 ml

2 reife Mangos
20 g Ingwer
1 rote Zwiebel (ca. 70 g)
100 g brauner Rohrzucker
Nach Belieben 1 Knoblauchzehe
1 MB Apfelessig
½ TL Salz
1 Prise Chilifäden oder Chilipulver (oder 1 kleine, in feine Streifen geschnittene Chilischote)

1. Mangos schälen, Fruchtfleisch vom Kern schneiden und würfeln (ca. 500 g).
2. Ingwer schälen, klein schneiden. Zwiebel schälen, achteln. Beides im Mixtopf **10 Sek./Stufe 4/mit MB** hacken, mit dem Spatel nach unten schieben und den Zucker (und evtl. den gehackten Knoblauch) zufügen. **4 Min./Varoma/Stufe 1/ohne MB** dünsten. Mit dem Apfelessig ablöschen.
3. Mangostücke, Salz und Chili zugeben, alles **12 Min./Varoma/Stufe 0.5/mit aufgesetztem Garkorb** kochen.
4. Chutney heiß in Gläser abfüllen. Hält sich verschlossen im Kühlschrank gelagert bis zu 2 Monate.

Hot-Peach-Chutney

15 Minuten
Zutaten für 750 ml

2 rote Chilischoten
1 kg reife Pfirsiche
2 Biozitronen
200 g brauner Zucker
200 g rote Zwiebeln
2 EL Sonnenblumenöl
1 MB Asia-Aroma-Essig (siehe Seite 86)
1 EL Currypulver (z. B. Maharadscha-Curry)
1 TL Meersalz

1. Chilischoten waschen, entkernen und klein schneiden (am besten mit Handschuhen). Pfirsiche waschen, schälen, entsteinen und würfeln, dann in eine große Schüssel geben. Zitronen waschen, trocknen, die Schale abreiben und den Saft auspressen. Beides mit dem Zucker zu den Pfirsichen geben, mischen und 1 Std. marinieren.
2. Zwiebeln schälen, achteln. Mit dem Öl im Mixtopf **5 Min./120 °C/Stufe 1/mit MB** (**TM31: 5 Min./Varoma/Stufe 1/mit MB**) dünsten. Mit dem Essig ablöschen, dann **3 Min./100 °C/Stufe 1/ohne MB** weiterrühren.
3. Pfirsichwürfel mit der Marinade, den Chilistücken, Curry und Salz zugeben und **14 Min./Varoma/Stufe 1.5/mit aufgesetztem Garkorb** kochen.
4. Chutney heiß in Gläser abfüllen, hält kühl gelagert 6 Monate.

Am besten schmeckt das Chutney nach einer Ruhezeit von 1–2 Wochen.

Kürbis-Orangen-Chutney

30 Minuten
Zutaten für 900 ml

1 kleiner Hokkaidokürbis
800 ml Wasser
1,2 kg Orangen
1 MB Weißwein
100 g brauner Rohrzucker
2 EL Apfelessig (oder Zitronensaft)
½–1 EL Sambal Oelek
1 gehäufter TL Currypulver (z. B. Maharadscha-Curry)
1 Prise Zimtpulver
½ TL Salz

Variante:
35 g Kokosflocken mit den Orangenfilets zugeben und mitkochen.

1. Kürbis schälen, halbieren, Kerne entfernen, 500 g Fruchtfleisch abwiegen und grob würfeln. In den Gareinsatz geben. Wasser in den Mixtopf füllen, Gareinsatz einsetzen und Kürbis **15 Min./Varoma/Stufe 1/mit MB** weich kochen. Wasser ausschütten, Kürbis in den Mixtopf geben und **5 Sek./Stufe 10/mit MB** pürieren.
2. Von der Hälfte der Orangen die Schale mit einem scharfen Messer abschneiden, sodass auch die Unterhaut entfernt ist. Fruchtfilets herausschneiden, restliche Orangen auspressen. Beides zum Kürbispüree geben.
3. Restliche Zutaten in den Mixtopf füllen und alles **20 Min./Varoma/Stufe 1/mit aufgesetztem Garkorb** kochen.
4. Chutney abschmecken und in Gläser einfüllen, hält sich verschlossen und kühl gelagert maximal 2 Monate.

Ananas-Chutney

10 Minuten
Zutaten für 400 ml

1 mittelgroße reife Ananas
100 g Schalotten
1 EL Sonnenblumenöl
4 EL Zucker
¾ MB Apfelessig
½ MB Weißwein oder Wasser
½ TL Meersalz
1 Prise weißer gemahlener Pfeffer

Varianten:

1–2 fein gehackte Chilischoten mit den Schalotten kochen.

15 g geschälten und gehackten Ingwer zu den Schalotten geben und mitkochen.

½ TL Lebkuchengewürz gibt dem Chutney gerade in der Weihnachtszeit eine besondere Note.

Statt Apfelessig Weißweinessig verwenden.

Gut schmeckt das Ganze auch mit Honig statt Zucker.

1 TL über Nacht in Apfelessig eingeweichte gelbe Senfkörner 1 Minute vor Kochende zugeben.

1. Die Ananas schälen, inneren Strunk und Augen entfernen und Fruchtfleisch in Stücke schneiden.
2. Schalotten schälen, halbieren und mit dem Sonnenblumenöl in den Mixtopf geben, **6 Sek./Stufe 4/mit MB** hacken, mit dem Spatel nach unten schieben. Dann **3 Min./Varoma/Sanftrührstufe/ohne MB** dünsten. Zucker zugeben, nochmals **2 Min./Varoma/Sanftrührstufe/ohne MB** rühren. Nach 1 Minute mit dem Apfelessig ablöschen.
3. Ananasstücke und Weißwein (bzw. Wasser) zugeben und alles **18 Min./Varoma/Stufe 1/ohne MB** kochen (sollten die Ananasstücke zu groß sein, sodass sich das Messer nur stockend drehen kann, **1 Sek./Turbostufe/mit MB** hacken). Mit Salz und Pfeffer würzen.
4. Chutney abschmecken, nach Bedarf mit Essig nachsäuern oder mit Zucker nachsüßen, dann in Gläser abfüllen. Hält sich 3 Monate.